手のひらの宇宙的

新 ニッポン風土記 VOL.1

20の手のひらの宇宙・人〈著〉

あうん社

花一輪に宇宙があるように
誰の手のひらにも宇宙がある
それは生まれ生かされてきた証

花は一途に咲いて
季節とともによみがえる
人も一途に生きて
記憶をよみがえらせる
この手のひらの宇宙ＢＯＯＫに

まえがき

「バチが当たったんや」

そう言われて、私は「えっ？」と思わず聞き返すところだった。

西宮から丹波に移住して3年ほど後のことだから、かれこれ10年以上前のことだ。

家から7、8キロメートル離れた山の麓に月一回ほど飲料水を汲みに行っていた。空海の石像が立つ地下水の水汲み場で、地元のおじいさんに出会い、どこから来たのか問われた。春日町の野上野《のこの》ですと答え、「うちの近辺は水道水がまずくて」と言ったところ、冒頭の言葉が即座に返ってきたのだ。

明智光秀軍の丹波攻めで春日町の黒井城が落城したのは、春日町のある地区のおばあさんが城の井戸（水源）の在り処を明智軍に教えたからだという「伝説」が残っている。水がまずくなったのは、バチが当たったせいだと、このおじいさんは信じていたのだ。四百年以上前の「歴史」が伝説と化した好例である。水がまずいのは鉄分の多い土質のせいだが、そのおじいさんにとっては、まるで昨日のことのようにリアルな「物語」であることに、私は感嘆したのだった。

『平家物語』は史実とはかなりかけはなれた勝者の「物語」であることは、つとに知られている。にもかかわらず、現代人の我々は「驕れる者久しからず。諸行無常の物語」として楽しんでいる。それはそれでよいのだが、清盛の嫡孫にあたる「維盛」のことは、平家物語の嘘をひっくり返したいという思いがずっと続いている。

維盛は、屋島から脱出して高野山で得度したあと、熊野の補陀洛山寺からほど近い那智湾の海で入水自殺した、ということになっている。しかし生存説も各所に残り、維盛の子孫がいまも連綿と続いているという。私は想像と直感で「生存説」を支持しているので、何とか時代小説風に書き残そうと考えているのだが、未だに資料集めと構想段階で「物語」が出来上がっていない。だから維盛は私の中でボンヤリした輪郭のまま生き続けている。

いずれにしろ虚実こもごもの歴史は、それを読む人の意識（想い）が物語を再構築するのはたしかなことだ。デジタルやＳＮＳの時代、活字離れはますますひどい状況になっているが、「物語」があるかぎり活字（アナログ）本は出版されていく。泡のような情報やフェイクニュースの溢れるデジタル化がすすめばすすむほど、むしろアナログの重要性が見直されるのではないだろうか。

本書は、ＮＨＫの「新日本風土記」に対抗するつもりなどさらさらないが、百年先にも一つの物語として本好きな人たちに読まれますことを……。

百年先には火星か月面で読書することがブームになっているかもしれない。

たかが千年　想えば近し　平家も月も　（空太）

令和元年五月一日

編集発行人　　平野　智照

手のひらの宇宙的 新ニッポン風土記 Vol.1 もくじ

まえがき …… 2
―中世丹波市の武士の時代―『山城と苗字と戦国ロマン』 …… 足立義昭 7
大阪船場の昔・今―船場商人四代を通して …… 池田吉孝 17
アメノヒボコ伝承―地元に残る神話から― …… 石原由美子 37
千の谷のアンソロポロジー …… 大麻 豊 51
神秘の島―冠島・沓島「物語」 …… 大浦勝閧 65
平成の大修理を終えた最古の登窯 …… 大上 巧 77
海上破船ナク米穀一粒モ失ワズ …… 大木辰史 89
人生は65から面白くなる …… 小野田隆 105

小野田政子俳句　大賀蓮II……小野田政子 115
方丈記／平家滅亡と天変地異……桐生敏明 129
風土記と地名―地域ブランド幻想に振り回されるな―……小森星児 149
マクロビオティック風土論―チャチャはこう話して呉れた……斎藤武次 161
「感動塾」の旅で触れた「風土」……重藤悦男 173
使命と余命をかけて―映画『みとりし』制作……柴田久美子 181
古道の夢……瀬戸琥太郎 193
恩返しとしてのボランティア……相馬あつし 205
16歳からの起業塾……谷岡　樹 217
能楽は地域に根付いた芸能……辻屋忠司 229
石仏・石像を彫る私……長岡和慶 239
丹波風土への思い……柳川拓三 249
執筆者一覧…… 261

『山城と苗字と戦国ロマン』

―中世丹波市の武士の時代―

足立義昭

あだち　よしあき
1943年生まれ。
40年間の会社勤務を終えて62歳で帰丹。「なんにもないところ」と思っていた故郷の豊かな歴史と自然に感動。「氷上郷土史研究会」、「丹波自然友の会」等で郷土史や自然を愉しむ。一方で「丹波新聞カルチャー講座」、「氷上寿学級くるみ句会」、俳誌「漁火」に参加、下手な作句にも親しむ。

写真：岩尾城天守台跡

1．はじめに

平安時代の終わり頃迄の丹波市は、京の都の皇族や貴族、大寺院や神社などの所有する荘園地帯であった。しかしそのような一見のどかな田園生活は中世に入って一変する。

当時の市内の山々は自然林で今よりもっと美しく見晴らしも良かったが、50もの山城と砦や狼煙台などが設けられ田んぼ道を武士や馬が走るようになる。

鎌倉幕府の成立に貢献したり、その後の「承久の乱」に協力した東国武士たちが、恩賞として京都方の荘園を貰って次々とやって来たのである（表1）。このことは鎌倉の幕府にとっても不案内な西日本の備えにもなって大変好都合であった。

丹波に苗字を持って来たこれらの武士団も世代を重ねるごとに一族が増え、経済的な事情から生活のために帰農（武士が農民になる事）していった。さらに軍役にかり出された農民への報酬として苗字が与えられた。平民の苗字は「明治維新のどさくさで付けられた」とも言うが、こうして農民も大半は中世から苗字を持っていて豊臣秀吉による「兵農分離」の時などに使用を禁じられ、徳川幕府もそれを踏襲したので名乗ることができなかったのだという。

2．中世の丹波市に来住した主な武士団（来住年順）

余田氏

天仁年間（１１０８〜１１０９）の余田兼景の頃には市島町の前山や竹田・吉見・美和の一部も支配したといい、藤原為綱が治承八年（１１８４）関東から来住、地頭職についたのが初代ともいう。

（表1）平安～鎌倉時代

初代城主	拠城	地区	出身地または前任地	最終城主	来住	落城	在領
余田兼定	余田城	市島町	播磨国印南郡（高砂・加古川市周辺）	余田為家	1017	1578	561
本庄正影	森山城	氷上町	伊勢国安濃郡・一志郡（三重県津市）	本庄平馬守	(1156)	1579	(423)
芦田家満	小室城	青垣町	信濃国高井郡芦田村小室（長野県立科町）	芦田国住	1158	1579	421
吉見資重	鹿集城	市島町	武蔵国比企郡吉見庄（埼玉県吉見町）	吉見則重	1192	1579	387
足立遠政	山垣城	青垣町	武蔵国足立郡桶川郷（埼玉県鴻巣市～東京都足立区）	足立基助	1209	1579	370
荻野　氏	高山寺城	氷上町	相模国愛甲郡荻野村（神奈川県厚木市）	（大舘氏忠）	1218	1579	361
久下直高	玉巻城	山南町	武蔵国大里郡久下郷（埼玉県熊谷市）	久下重治	1221	1579	358

▽来住・落城は西暦年、在領は年数▽本庄氏の来住・在領は平正家の来住年から（実際はもっと遡る）▽高山寺城の大館氏忠は城代

さて前山から鴨坂を越えた御油庄は、後白河天皇の勅願寺である京都法勝寺の荘園で一定の優遇税制を受けていた。このことに着目した荘園の役人は、前山庄に公田を作り御油庄を騙ってその余田（飛地）とした（天治二年（1125）の「法勝寺政所下文案」に丹波國御油荘余田の記述）。以降、鴨坂、徳尾、竹田一帯を余田と称するようになり余田姓の始りとも言う。余田城は市内では最も長く存在した山城であり、今も往時を偲ぶ事ができる。

本庄氏

氷上町三原、内尾神社の頭帳では「平清盛の叔父、平忠正の一子平正家、保元元年（1156）当荘に来たり平景範の養子となる。文治二年（1186）関東に下り源頼朝より当荘を安堵された」とある。忠正は内尾

神社の社領を制定しているが、保元の乱で甥の清盛に討たれる。その年の正家の来丹である。
その後本庄姓に改め荻野氏来住後、葛野庄の領有を争うが後に和睦して葛野川の右岸、左岸を各々分領した。葛野には清盛が天下人になる以前から本流伊勢平氏（平家）が在住していた。南北朝期（1359）には本庄平太・平三兄弟が陸良親王を高山寺城に奉じて一時は丹波、但馬を平定するなど活躍している。

芦田氏

井上家満は故郷信濃の地名から芦田家満を名乗り、現青垣町東芦田の叺子尾山《くずのおさん》に小室城を築いた。七代目持家は佐治川対岸の栗住野に移り住み、また享禄五年（1532）には、氷上町の沼城の芦田良源と家勝が円通寺に田地を寄進、永禄六年（1563）には芦田光遠が城下に明勝寺を建立している。当時沼城に八千石の所領があったという。
元中八年（1391）頃の小室城主金猶は名君で笛の名手とされ、深草の少将と小野小町になぞらえた秘話も残る。芦田一族の三城は天正七年（1579）、但馬より攻め込んだ織田軍の羽柴秀長の猛攻で落ちる。出身地の長野県芦田村は今、立科町となり役場所在地に芦田の地名を留めている。

吉見氏

「吉見家系図」によれば初代城主は源頼朝の弟、源範頼の次男吉見三郎資重で、8人の子息と共に地頭として丹波国鹿集《かたかり》郷に来住、現在の市島中学校のある台地に築城したという。

日照続きで地域の水が涸れた時も台地の裾の泉だけは絶えず、鹿が水を飲みに集まったことから一帯は鹿集と呼ばれた。鹿集城は黒井城等とともに天正七年（１５７９）の明智の丹波攻めで落城する。この時の様子が「陰徳太平記」という戦国時代の軍記物に『丹波国鹿集、余田、黒井落城之事』として詳述されている。最後の城主は二十七代目の吉見則重である。

足立氏

鎌倉幕府成立後、足立左衛門尉遠政が佐治郷地頭職として来住。一族は山垣・遠坂・市原・稲土・小和田・中佐治などにも城館を持った。昭和まで筆者の村でも足立姓の「株講」（年一回、同族が集まり祖先を奉り食事をする）があり、そのとき床の間に藤原鎌足に始まり清和天皇、久保田遠元等を経て足立左衛門尉遠政で終わる系図の軸が掛けられた。また筆者の元勤務先G社でも足立姓は丹波・但馬の他に大分・島根等の出身者も複数在籍した。足利尊氏について移動したのが九州足立で後醍醐天皇に従ったのが山陰の足立とされる。香良村合戦（１５５５）の後は荻野直正の幕下となり但馬竹田城修築には足立氏の力が大きかったという。

明勝寺の沼城主芦田光信夫妻墓碑

荻野氏

南北朝時代、荻野朝忠は丹波武士のリーダーとして「太平記」にも再三登場する。荻野氏は筆者の元勤務地相模国の出身で桓武平氏梶原氏の後裔である。内尾神社頭帳では、朝忠の先祖が来住したのは建保六年（1218）頃で、後年、明智光秀に直訴し円通寺を護った荻野喜右衛門は朝忠の子孫と伝わる。足利高氏の亀岡での旗上げの時、朝忠は「今さら人の下風につくべきにあらず」と足立、本庄氏と共に若狭を迂回して六波羅を攻めた。このあと備中の児島高徳と北陸・山陰の兵を高山寺（氷上町）に集め錦の御旗を護った。朝忠はその後、丹波守護職の仁木頼章の下で守護代となるが、尊氏に背き頼章は守護を辞任、朝忠は天田郡に移る。その後も足利方として活躍するが天田郡夜久郷で竜ヶ城を構え、山麓に建立した神通寺円満院には今も位牌を遺す。また千原の荻野神社にも祀られている。

円満院朝忠位牌

久下氏

久下直高は承久三年（1221）の承久の乱で上京後、丹波栗作郷に来住、玉巻城を築城した。直高から四代後の時重は足利尊氏の旗揚げに馳せ参じた。以降久下氏は室町幕府の奉行衆も勤め、丹波国内では最有力の武士となる。

明応二年（1493）、久下政光は将軍足利義材に従って河内へ出陣するが、幕府管領で丹波守護職の細川政元がクーデターを起し、政光は周囲が全て敵となった丹波に戻れず16年間流浪、領地領民を失う。

その後、何とか久下村と玉巻城のみを取り戻すが、没落のまま織田軍の丹波攻めを迎える。今も谷川の高倉神社には、最後の城主重治の住民に宛てた遺言状が遺されている。

・鎌倉時代から室町時代へ

頼朝の鎌倉幕府は実質三代で絶え北条氏一族が実権を握る。後醍醐天皇は天弘三年（１３３３）隠岐を脱出し倒幕を宣言する。楠正成を中心とした武士たちがこれに呼応、全国に展開する。

北条氏に仕えた足利高氏は天皇追討の幕命で上洛するが丹波亀岡の篠村八幡宮で討幕に寝返る。この時氷上郡の久下、芦田、余田氏は高氏の下に馳せ参じた。そして後醍醐天皇は北条氏打倒に成功し建武の新政を行うが、公家に厚く武士を冷遇したため武士たちが反乱を起こす。尊氏は後醍醐天皇を吉野（南朝）に追いやり北朝を建て自ら征夷大将軍となって京都に室町幕府を開いた。その頃から丹波市に次の武士団が来住する（表2）。その後56年間、南北朝時代が続き、三代将軍足利義満は北朝方の拠点として現氷上町御油に圓通寺を建立する。

赤松氏

南北朝時代の勇将、赤松円心則村の二男貞範は、尊氏に従い箱根で新田義貞を撃退した功によって丹波春日部庄他全国に21箇所の領地を与えられた。この時黒井城や美和に留堀城を築き、その後数年

（表2）室町時代

初代城主	拠城	地区	出身地または前任地	最終城主	来住	落城	在領
赤松貞範	黒井城	春日町	摂津国川辺郡長州荘 （兵庫県尼崎市長州）	（赤井幸家）	1335	1579	244
仁木頼章	高見城	柏原町	三河国額田郡仁木庄 （愛知県岡崎市仁木町）	赤井忠家	1336	1579	243
和田斉頼	岩尾城	山南町	信濃国下伊那郡和田村 （長野県飯田市）	前田玄以	1516	1597	81
波多野宗高	霧山城	氷上町	美作国英田郡真神村 （岡山県美作市英田町）	波多野宗長	1534	1579	45

▽黒井城の赤井幸家は城代

で播州に移り貞和二年（１３４６）に姫路城を築く。赤松氏は五代の教貞まで春日部庄を治めていたことが確認できる。播州に移ったあとの赤松氏は大勢力に発展、守護大名として一時は足利幕府を脅かす存在となってゆく。

仁木氏

本家の足利氏が三河守護になると下野国から本拠を移し仁木氏を称した。頼章は建武三年（１３３６）丹波守護職に任じられると高見城（佐野城）を築城し高山寺城にも拠った。守護代荻野朝忠の足利家への背反で更迭されるが、後任の山名時氏が観応の擾乱で失脚し守護に再任された。丹後・武蔵・下野の守護職に加え幕府の管領にも抜擢される。頼章は尊氏の信任篤く、一族で最大９ヶ国の守護に任ぜられるなど重用された。尊氏の没後は剃髪して出家している。

和田氏

「丹波志」によれば、文明二年（１４７０）（谷基綱が信濃国和田より丹波・市場庄（現山南町和田）地頭として入部したのが始まりとされる。永正十三年（1516）一族の斉頼は和田日向守と名乗り井原庄を和田庄と改名、岩尾城を築城したが斉頼の没後、織田軍の丹羽長秀の攻撃で落城した。

その後、天正十四年（1586）近江より佐野栄有が入部、岩尾城を近世城郭へと改修したが文禄四年（1595）近江へ帰国、前田玄以領知のあと慶長二年（1597）廃城となった。

西波多野氏（氷上）

天文二年（1533）、多紀郡八上城の東波多野氏が2度にわたって赤井氏の守る穂壷城を攻め、盟主の忠家が戦死、子の時家、孫の家清は別所氏を頼って一時期播州三木に落ちる。そこで東波多野氏は高山寺城に家臣大館氏忠を配し、さらに親戚の波多野宗高に応援を頼み、宗高は氷上郡の氷上村に入部（1534）、霧山に築城した（西波多野）。宗高は天正元年（1573）、近江の刀根峠で戦死。家臣が持帰った遺骨が氷上区の波多野神社に祀られている。西波多野は宗高、宗長、宗貞のわずか三代40年の歴史であった。時代は降って大正四年（1915）、大正天皇の御大典に際し宗高に従三位が追贈された。

さて、天正七年（1579）、織田軍の猛攻によって氷上

穂壷城址（手前）と高見城址（奥）

郡のすべての山城が落城、赤井氏以外の主な城主は討死した。そして400年にわたる丹波市の山城の時代と彼らの戦国ロマンは終焉を迎えたのである。

明智光秀を主役のＮＨＫの大河ドラマが決まった。丹波市では早くも光秀と荻野直正の話題が喧しいが、以上紹介した武士団もまた郷土に確かな足跡を遺している。

従三位波多野宗高碑

（了）

【引用文献】
「講演資料・中世の丹波市を駈けぬけたもののふたち」（足立義昭）

【同右参考文献】
・丹波史を探る（細見末雄著）
・丹波の城と城主群像（芦田岩男）
・丹波の城（朽木史郎）
・兵庫県史（資料編・中世三）
・丹波史年表（松井拳堂）
・郷土の城物語（兵庫県学校厚生会）
・葛野村誌（内尾神社頭帳）
・市内各町村誌　他

大阪船場の昔・今

――船場商人四代を通して

池田吉孝

いけだ　よしたか
昭和31年西宮市生れ
慶応大学経済学部卒業（昭和56年）後、日立建機㈱入社。
昭和63年　㈱池田商店入社　代表取締役に就任。
同時に㈱ビイビイ池田、アイケイ地所㈱代表取締役に就任。
平成８年　㈱ビイビイ池田代表取締役社長に就任。
㈱池田商店代表取締役に就任、現在に至る。
公職：日本服地卸商組合連合会（元理事長）、大阪服地卸商協同組合（元理事長）、一般財団法人大阪毛織会館　理事長、大阪地下センター商店会連合会長ほか多数。

私は、昨年創業百三十年を迎えた（株）池田商店の四代目社長です。紳士服、制服製造及び羅紗製品を商う一方、本社ビル（高麗橋2丁目）の賃貸業も営んでいます。家業やその歴史については後述するとして、初代池田英太郎があこがれ、二代目池田徳蔵の生い立ちに縁の深い大阪船場、高麗橋のことについてお話したいと思います。

大坂と船場の成りたち

大坂（明治以降、大阪）は太閤・豊臣秀吉が作ったまちですが、大坂冬の陣夏の陣で破壊され、その遺構はあまり残っていません。今も残っているのは、①船場の街割り　②太閤下水　③大坂城の極楽橋くらいでしょうか。

③極楽橋は、大坂城北側の現在の京橋がかかっている所（追手門の学校の北辺り）に、京都から宮家や公家たちを迎えるために作られた橋で、どういう経緯か、琵琶湖の竹生島にある宝厳寺の国宝「唐橋」として現存しています。

次に①と②についてお話しましょう。

「船場の街割り」は、大坂城の城下町の一部として、武家まちの西に商人まちが一辺四十二間の碁盤の目のように作られ、その周りを掘割で囲み、防衛と水運の便をよくしています。ちなみに「船場」とは本来船着き場という意味で名付けられ、北は土佐堀、西は西横堀、東は東横堀、南は長堀で囲まれた、南北約2.1㎞、東西約1.1㎞で約２３０ｈａの区域を言います。

大坂はお城を中心とした町で、お城に通じる道がメインストリートですので、船場では東西の道がメインストリートでした。地図も明治の初めまではお城を上に置いた地図でした。

太閤さんのお城は高麗橋通りを正面に造られ、徳川のお城は大手通り（平野町通り）を正面に造られました。船場の通りは南北の間隔四十二間で作られ、それを背割りにして背割り下水を通しました。ですからすべて南北の奥行が21間です。一間は約1.8ｍで一間四方が一坪、間口６間なら１２６坪、間口８間なら１６８坪の土地になるわけです。

背割り下水は何本かに一本は大きく取り、「太閤下水」として整備されました。現在、「船場げんきの会」の太閤下水研究会によると、いまも十余カ所残っているそうです。

弊社の土地の北側にも「浮《うき》世《よ》小《しょう》路《じ》」という道路の下に太閤下水が残っており、卵を逆さにした形の土管が埋まっており現役だそうです。

太閤下水跡の道路は「水路扱い」なので、建物を控えて建てなければならない「船場後退線」の規制を受けていません。そのため道路ぎりぎりに建物が建っている所も見受けられますが、太閤下水が埋まっている船場街割りの特徴のひとつと言えます。

池田商店（明治時代）

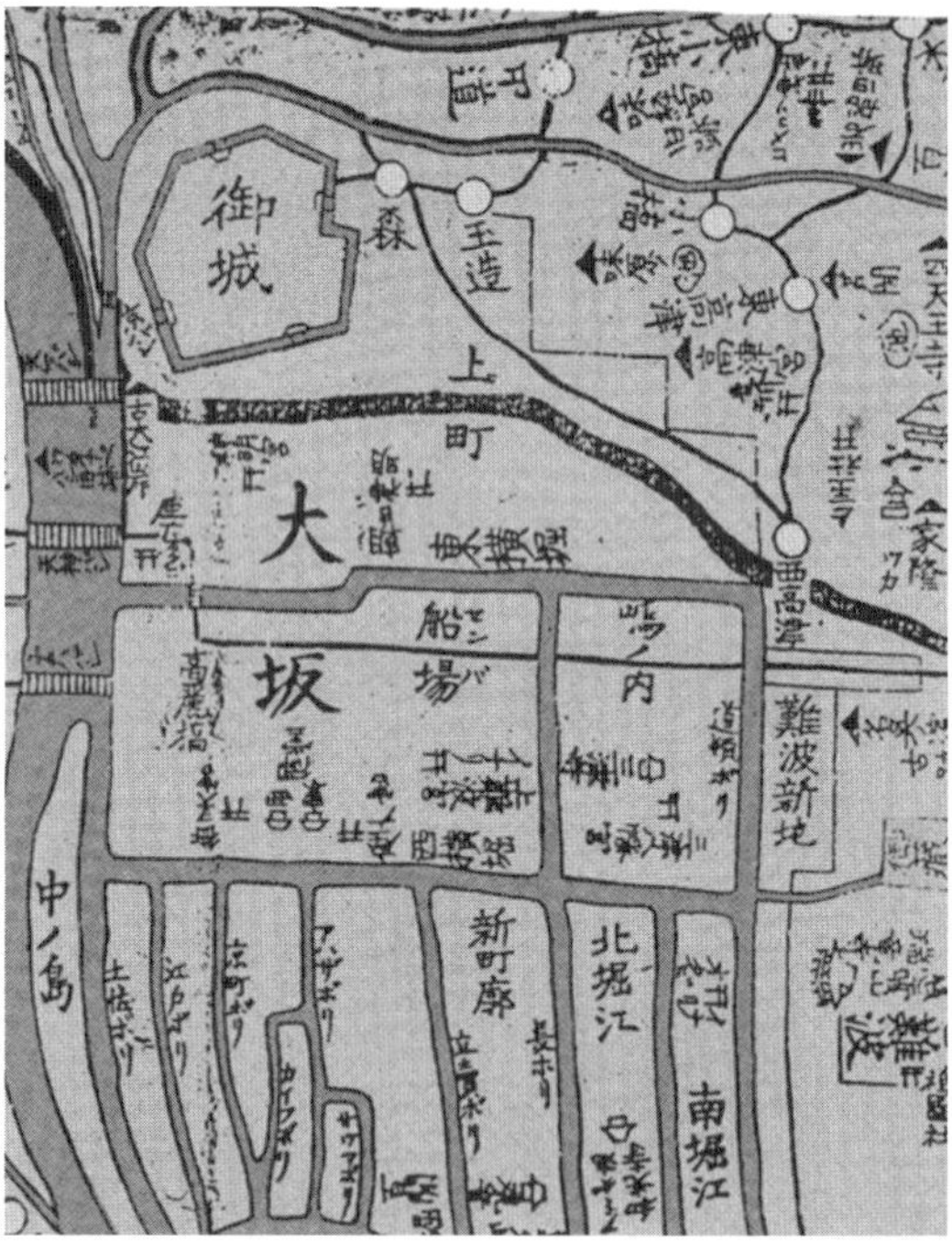

摂津国名所大絵図・寛延元年（1748）

大坂城を中心とした「まち」づくり

大坂夏の陣で大坂のまちは焼きつくされ、男女問わず奴隷にされ大変な目に合わされましたが、第2代将軍秀忠の時代に、西軍の復興拠点とせぬよう懐柔し、天領（幕府の直轄地）として奉行を置き、今で言う経済特区として復興につとめました。

それはそうです。その当時、東北や北海道の経済力は弱く、江戸は東に寄り過ぎており、大坂が地勢的にも中心にふさわしい地だったわけで、それを織田信長も見抜き石山本願寺を移させて手に入れ、豊臣秀吉も中心としたのですから。そして商人を各地から集めて商売のまちを作りました。その名残が地名に残っています。例えば伏見町《ふしみまち》、淡路町《あわじまち》、備後町《びんごまち》、平野町《ひらのまち》、安土町《あづちまち》などです。その通りに面して同業者を多く集め「株仲間」を作りました。それは西洋の「ギルド」、同業組合です。お上《かみ》がコントロールしやすい様にとの目的があり、商人としては不祥事で株を無くし廃業することが一番怖れられました。ですから大阪では今でも同業者は仲良く情報交換します。東京の「商売仇《しょうばいがたき》」とは違う気風が残っています。

船場では東西の通りに沿って店《たな》が並んでいました。その両側が同じ町名なので「両側町（りょうがわまち）」と言い、全国的に珍しい町名の付け方です。普通、1ブロックが同一町名で道向かいは別の町名というのが一般的です。その点、京都もまた独特で、例えば、三条高倉上ル、下ル、西入ル、東入ルとか言って住所を表現します。

大坂が両側町とした理由は、例えば「うちは高麗橋2丁目に店がありますねん」と言うと、取引先やお客さんは高麗橋通りを歩きながら左右を見上げるとお店が見つかります。

「この前行ったけど見つかれへんかったで」

「いやすんまへん。うちの店、『横町《よこまち》』の店でんねん」

これは横町、つまり南北の筋に面した店ということで、横町の店は一段格下の店でした。ですから船場の店は入口が通りに面して北側か南側に入口があるということが前提で、御堂筋に面した大阪ガスビルもビルの入口は北と南にしかありません。ただし、このビルのテナント・りそな銀行の入口は（御堂筋に面して）東向きに入口がありますが。

ここで読者のみなさんお気づきでしょうか。船場では、「町」は「まち」と読んで、「ちょう」とは読まないことです。「町《まち》」は広がりを持つ面積を表しますが、「丁《ちょう》」は長さの単位だからです。ですから大阪には「横丁《よこちょう》」はありません。「ジャンジャン横丁」も元は「ジャンジャン町《まち》」と言っていたそうです。

それから大阪では、東西の道を「通り」、南北の道を「筋」と言う習わしです。以前はそれほど厳密ではなかったのですが、１９７０年の大阪万博前後に行政がその様に決めたので、以降はそれが習わしになっています。米国のアベニュー（南北の通り）とストリート（東西の通り）になぞらえたのでしょう。

大阪がお城中心の名残で、天神橋の一丁目は南（お城に近い方）ですし、船場は東から一丁目となっています。ところが梅田（昔は埋田）に大阪駅が出来たことで、そのアクセスのために、大正時代に堺筋が広がり電車道となり、昭和になって御堂筋が広がり地下鉄を備えた立派な「筋」となったので、現在のように、筋中心の駅が北（上）に表記される地図が市民にしっくりするようになったのです。

大坂の高麗橋は江戸の日本橋

江戸時代の都は京で、京・大坂のことを「上方《かみがた》」と呼んでいました。ですから京に向かうのは「上洛《じょうらく》」で、江戸方面に行くのは「東下り《あずまくだり》」と言っていました。

江戸から上洛するときは、日本橋《にほんばし》（大坂の日本橋は、にっぽんばしと発音）を出発し東海道五十三次をへて京・三条大橋に着きます。京に用事がある人は三条高倉あたりの大店《おおだな》へ向かいますが、大半は大坂に用事があるので伏見まで行き、伏見の舟茶屋に泊って翌日、三十石舟《こくぶね》で淀川を下り大坂へ向かいます。その舟茶屋の一つが有名な寺田屋です。江戸末期、清水次郎長の子分・森の石松が琴平《こんぴら》さんへ代参の帰り、「寿司食いねぇ」と箱寿司（または棒ずし）をすすめる有名な話は、この三十石舟に乗ったときのことです。

京から大坂へは、京街道四次（伏見、淀、「くらわんか舟《ぶね》」で有名な枚方、守口）をへて八軒屋浜（京阪・天満橋駅のそば）に上陸し、終点の高麗橋へ向かいます。いわゆる東海道五十七次（五十三プラス京街道四で五十七）はここまでです。

高麗橋矢倉屋敷（摂津名所絵図）

熊野街道へ行く人は八軒屋浜から南へ向かいますが、山陽道、紀州街道へ向かう人はその始発点の高麗橋へ。北浜の土佐堀沿いには旅籠《はたご》が並んでいました。その一つが現存する料亭「花外楼《かがいろう》」さんです。その旅籠に食材を提供する市場「雑魚場《ざこば》」が高麗橋西詰の北側にありました。

江戸の日本橋も大坂・高麗橋も武家まちから商人まちを繋ぐ橋で、武家まちから商人まちに入った所が商業地として一等地でした。この二つの橋（日本橋と高麗橋）は双子のようなもので、里程元標（江戸まで何里、大坂まで何里

註1：くらわんか舟　淀川を往来する大型船に対して飲食物を売っていた主に枚方地方の小舟のこと。貸食船（煮売船・にうりぶね）とも呼ばれ、公式には茶船と呼ばれていたが、くらわんか舟・食らわんか舟という俗称が定着した（ウキィペディア）

八軒屋船着場跡

という行程基準標）があり、どちらにも近くには越後屋呉服店（のちの三越）と三井両替店（のちの三井銀行）があり、どちらの橋も明治になって英国に造らせた鋼鉄製の橋（くろがね橋）を架けました。おまけに現在、両方とも高速道路が頭上に走っています。

商業・金融の中心地だった高麗橋

狂言に「この酒は上方よりの下り物」という言葉があります。

上質なものは上方からのもので、そうでないものは「下らないもの」とされていました。人と物が東西を行き来しましたが、その代金決済をするために「両替屋」がありました。西日本では銀が産出され、秀吉も多田（川西市）、生野、石見《いわみ》の銀をおさえ軍資金にしました。一方、徳川は東北の金や佐渡の金山をおさえ権威の象徴として慶長大判小判を作ります。従って上方では銀、江戸では金が流通し、両替屋（商）がそれを換算して双方で支払っていたのです。

例えばお酒が上方から江戸に着いたとします（お酒は樽《たる》回船《かいせん》で海運したと思います）。お酒を受け取った側は、飛脚に為替手形を持たせて大坂の両替屋にわたし、荷主はその両替商から大阪で銀で受け取るわけです。その逆であれば、江戸の荷主は、江戸の両替商から金で代金を受け取れました。この代金決済に関わる飛脚が主人公となるのが文楽「冥土の飛脚」、歌舞伎に転じて「恋飛脚《こいびきゃく》大和往来《やまとおうらい》」の「封印《ふういん》切り」の場に出てきます。花街の太夫を受け出す代金を持っている証拠を示すため、飛脚が預かった金子の封印を切らされて横領の罪を着せられるという話は、この制度が元になっています。

ここで当時の換金レートを、高田郁《かおる》さんの小説（『銀二貫』）を参考に見てみましょう。金一両（小判一枚、約18g、金86％）が現在の8～10万円。金一両＝銀60匁《もんめ》＝銅銭４０００文です。「銀二貫」というと、一貫＝１０００匁ですから、一両十万円で計算すると約３２０万円です。主人はそのお金で子供一人の命を助けたことになりますが、天満の天神さんへの奉納金としては大したものです。劇中で太夫の身受け金はだいたい三百両ですが、これは今では３０００万円、マンション一軒といったところでしょうか。

余談ですが、そば粉が8割でつなぎ（小麦粉）が2割を「二八そば」と言いますが、古典落語に「二八十六文」という言葉が出てきます。十六文は３６８円となり、一両8万円なら8割で２９０円ということになります。

こういうシステムだったため、両替商は江戸と大坂両方に店がないと成り立ちません。大坂には高麗橋に三井両替店（現在の三井ガーデンホテル）があり、江戸・日本橋の店との両店を、京都店がコントロールしていました。のちに闕所《けっしょ》（財産没収の上所払い）となった淀屋橋で有名な淀屋、今橋の鴻池善右衛門、天王寺屋五兵衛、平野屋五兵衛など多くの両替屋が北船場にありました。天王寺屋と平野屋の間の南北の道は、二人の名を合せて「十兵衛横町《よこまち》」と呼ばれていました。

大名にも年貢米を（将来の年貢米でも相場が立ってそれすらも）担保にお金を貸したりして、「富の七分（割）は大坂にあり、その八分（割）は今橋にあり」と言われるほどになりました。明治になり金本位制になると両替商の仕事はなくなり大坂が廃れ、「坂」は土に返ると読めるから良くないとされ「大阪」と改められました。ですから明治以前は江戸、大坂・京で、明治以降は東京、大阪・京都と書かれています。

という訳で、大阪の高麗橋は永年、商業と金融の中心地だったのです。その地に憧れ、その地に店を構えることを誇らしく感じていたのが初代池田英太郎でした。

大きく発展させた二代目・徳蔵の功績

初代池田英太郎は慶應元年（一八六五）、福井県三方郡小川浦に網元の松本長次郎の三男として生まれました。明治九年（一八七六）、11歳で大阪に出て洋服業を見習い、陸軍大将西郷隆盛がいる鹿児島にも軍服などの修行に行きました。

明治20年、池田弥兵衛の長男として養子に入りました。当時長男は徴兵されなかった様です。明治21年（一八八八）、英太郎は23歳の若さで独立し北区真砂町に羅紗洋服商を創業しました。当時紳士服は高かったのですが、特に紳士服地（羅紗と言われた）が高価で、のれん分けした職人に融通するため、親方は自然と羅紗屋となったわけです。一廉（ひとかど）の店をかまえた英太郎は、お客さんであった大阪教育銀行の頭取から、「うちの向かいに良い所があるから移ってこないか」と誘われ、憧れの船場、それも一等地の高麗橋に店が持てるんやと高揚していました。余談ですが当時の銀行員でも未だ着物を着ていて、洋服はトップ（頭取）クラスの人しか着ていない時です。その頭取に誘われたのが明治37年（一九〇四）ですから、英太郎39歳のときです。

ちょうどその頃、日露戦争が起こり、大阪の組合長だった英太郎は、不足していた軍服をお国のために作ろうと、大量規格生産機構を作り上げ、官公庁をはじめ電鉄、学校などの制服も大量受注していました。

船場高麗橋に店を構えたのが、私の曽祖父にあたる英太郎の成功の証でした。昭和4年（一九二九）、京都の隠居宅において64歳で亡くなりましたが、跡継ぎに恵まれなかったので、明治27年（一八九四）生れの左海《さかい》徳蔵を養嗣子《ようしし》に迎えました。

二代目となる池田徳蔵は、本家鴻池新右衛門（鴻池善右衛門の一族）と共に並び称された名流・左海《さかい》家の七代目・左海辰三郎の五男に生まれ

手前中央の着物姿が初代・英太郎、その左の学生服が2代目・徳蔵

ています。船場の両替商の没落と家業（西区雑魚場で海産物商）の失敗から徳蔵は親戚をたらい回しにされ、乳母の所に預けられましたが、その乳母の夫が池田に出入りする洋服の仕立職人でした。

「あんたの所にそんな可愛いぼんがおったかなぁ」と英太郎がその職人に尋ねると、しかじかの理由で良家のぼんを預かっているという返事。英太郎はさっそく徳蔵と会い、

「賢そうな可愛い子やから、うちに貰おう」ということになったのです。明治37年、徳蔵10歳のときでした。

徳蔵は、大阪商業学校（現大阪市立大学）を卒業し、大東市住道《すみのどう》の大川家から妻に世衣《せい》を迎え、二男四女に恵まれました。徳蔵はたいへん商才に長けた人で、初代に仕えながら家業を大いに発展させ、業界の要職にも就いていたので、戦時中に衣料品が統制されて発足した日本衣料製品統制㈱の役員となっています。またその後、大阪府衣料品配給統制㈱の専務となり、社長の杉道助氏を支えました（他に役員として三光の光井氏、西岡彦の西岡さんがおられました）。

杉道助さんは、丸紅、伊藤忠、東綿など五綿八社と言われた大手船場の繊維商社の一つ八木商店の社長で、長州吉田松陰の本家「杉家」の人です。戦後は大阪商工会議所の会頭となり、経団連の設立に当たり大阪財界の取りまとめに功ありとされ、その初代副会長にもなった大立者《おおだてもの》でした。昭和29年には統制会社の解散に当たり、出資者であった各衣料品会社に出資金を返そうにも、どこでどうしているやら分からない状態の会社も多くありました。

徳蔵は、生家の左海家の家業や両替屋の再興に夢を持っていたので、戦後復興の資金を融資する金融会社「大阪府商品融資㈱」を大阪府の協賛を得た上で、杉さんを会長に迎えてスタートさせまし

た。材料や製品を指定倉庫に入れさせ、その倉荷《くらに》証券を担保に貸金をする仕組みで、府の商工部を窓口にしたため、メーカーや問屋に重宝される金融機関となりました。この資金調達は、府の公金扱いをしていた三菱、住友、三和、大和の四行の協調融資（インパクトローン）でまかなわれていました。

さらに徳蔵は、小売屋さんが割賦販売できればもっと売れるのにと、昭和31年、大阪信用販売㈱、略称・大信販（現アプラス）を立ち上げ社長になっています。またその後、消費者がキャッシュレスで買い物が便利になるようにと、大信販の子会社として、大阪クレジットビューロー（略称ＯＣＢ）も創業しました。これは後に、日信販（現ニコス）の子会社・日本クレジットビューロー（ＪＣＢ）を吸収合併し、社名をＪＣＢに改称した副会長になっています。最近までＪＣＢの本社が大阪にあったのは、こういう経緯があったからです。そして二代目・池田徳蔵がこうした商売に手を染めたのも、船場に導かれた様に、生家左海家の両替屋の復興が頭にあったからです。

船場の家族の呼び方

三代目となる私の父・孝蔵は長男として生まれていますが、上には姉が三人、下に妹と弟が一人ずついました。父が子供の頃は、現在の会社の所に店があり、店の裏手の方に住み込みの社員が住んでいました。朝夕の賄いは女子衆《おなごし》さんが作り、昼は仕出しが用意され、洋服屋だったのでモダンな仕出しだったらしいです。

住まいは三休橋筋をはさんで西側に官休庵作り（武者小路千家流）の居宅があり、「西の家」と呼び、父は後々までその家が良かったと話していました。家族や使用人はご主人のことを「旦那さん」、奥さんは「ご寮《りょん》さん」と呼ばれておりました。ご寮とは、居住まいを仕切る人という意味で、信長の妹・お市の方は、お市御寮人と呼ばれていたそうです。

男の子はぼん、上のぼんは「おおぼんちゃん」、下のぼんは「こぼんちゃん」。私は「こぼんちゃん」と呼ばれて育ちました。女の子は「いとはん」、または「とうはん」と呼ばれ、上の女の子は「おおいとはん」、下の子は「こいとはん」、これが約まって「こいさん」となります。うちは女の子（叔母さん達）がいたので、「おねえちゃん」「なかさん」「こいさん」「こじょうちゃん」と、年上順にそう呼ばれていました。谷崎潤一郎の『細雪』の三人姉妹は、おねえちゃん、なかんちゃん、こいさん、でしたね。

右・祖父（2代目）と父（3代目）

うちの叔母たち（四姉妹）は祖父母の意向で、跡継ぎに嫁ぐとお姑さんに苦労させせられるからというので、多くは近くの商家の二男三男に嫁がされました。「おねえちゃん」は先に述べた伏見町の戸田さんへ、「なかさん」は高麗橋の松下食品と縁の深い京都伏見の「竹中缶詰」の長男へ、「こいさん」は高麗橋一丁目の結納・鰹節を扱う渋谷利兵衛商店の三男（次男は夭逝）へ、「こじょうちゃん」は平野町の錫器問屋へ嫁ぎました。

学者を志望したアルピニストの父

父の弟が末っ子で、「こぼんちゃん」と呼ばれて可愛がられ、商売向きの性格ということで期待されていましたが、旧制北野中学生のとき結核で亡くなってしまいました。父は長男でしたが弟に継がせるつもりでいたらしく、愛日小学校、旧制北野中学、旧制大阪高等学校、京都帝大法学部と進み、祖父母のいる京都の隠居所から通学しました。大学に残って学者になりたかったようですが、中学時代から大学に至るまで、ずっと山岳部で山登りに打ち込んでおり、大学時代の友人の伊藤洋平さん（後に京大医学部教授）と『岳人《がくじん》』という日本初の登山雑誌を創刊しました。『岳人』のなかで父は、登山家「アルピニスト」という言葉より力強いニュアンスを加味した「岳人」という造語を考え出したと述べています。（この本は後に、中日新聞系の東京新聞に引き継がれ、現在は登山用品のモンベルさんが出版しています）。

私の父は大正14年生れですので、終戦時は20歳、祖父は51歳でした。当時50歳くらいが再起するのにギリギリの歳だったようで、祖父の先輩は業界にあまりいらっしゃいません。店は幸いなことに、大阪空襲があったにもかかわらず焼け残ったのですが、西宮市の西田町に持っていた借家に疎開していた折、祖母が空襲の直撃弾を受け、右手を二の腕から失いました。九死に一生を得て77歳まで元気に過ごしましたが、あまり外に出なくなり、今から思うと気の毒なことでした。

船場の店の西側にあった「西の家」は焼けたので西宮・夙川に家を買い、祖父母と父と母（やはり織物関連メーカーで岡山の姫井家から嫁いだ）が住みました。その間に、兄・全徳《まさのり》と私が加わり、女中頭のおハナさんと数人の女中さんで暮らしました。

この夙川の家も官休庵作りの家で西の家より十倍の広さがありました。祖父の徳蔵さんを慕う同業者の人が「池徳さんが夙川に移ったんやからウチも」と言って移り住んでこられる方もおられました。

というわけで兄も私も夙川生れ夙川育ちで、夙川小学校から灘中、灘高へ進みます。大坂の商人が成功したら阪神間に住み、女・子供は神戸の学校に行かせ、隠居住いとお墓は京都にというパターンが池田家でも完成しました。その夙川の自宅建物も阪神淡路大震災で全壊焼失したのは、返す返すも残念です。

兄は東大工学部、私は慶應大学経済学部ということで、父は「池田商店を一部上場させるより、一部上場の会社に入って社長になるほうが簡単や」と言っていました。兄はその言葉どおり、日本触媒㈱に入り、相当頑張ったのでしょうが、社長、会長までになりました。私は家業を継いだわけですが、大阪船場で育ったわけではないのに船場は私のふるさとの様な気がしてなりません。父が船場のことを色々と教えてくれたからかもしれません。何かしっくりします。船場ことばの家庭環境の中で育ったからでしょう。

谷崎潤一郎が魅入られた船場ことばというのは、今はこの船場ではなく、夙川や芦屋などの阪神間に残っているようにも思います。それはともかく、今私は、船場らしさを伝える文化祭「船場博覧会」の実行委員長を10年近くやっています。また「大阪弁川柳コンテスト」を22回開催していますが（２０１８年秋迄）、そちらも実行委員長です。やはり船場に引き寄せられた曾祖父、祖父、父から継いだＤＮＡがそうさせるのでしょうか？

北船場は名建築の宝庫

　現在、弊社ビルの南向い右手にはレンガの建物が建っています。これは明治45年（一九一二）に辰野金吾さんの設計したビルで当時のまま現存しています。このビルに、池田の初代英太郎を船場高麗橋に誘った大阪教育銀行（のちの大阪教育生命）がありました。またその南隣には日本基督教団浪花教会が建っていて（昭和5年竣工）、有名な建築家ヴォーリスの名作です。この浪花教会と梅ケ枝教会の援助で成瀬仁蔵が作った女学校が両教会の文字を取って命名された梅花女学校で、やがて日本女子大（東京目白）へとつながっていきます。ヴォーリスの代表作としては心斎橋旧大丸本店、関西学院大、神戸女学院、東洋英和旧校舎ほかがあります。

船場博覧会用地図

　辰野金吾さんは、佐賀の唐津出身で、工部大学校（のちの東京帝大）建築学科で初の日本人教授になっています。それまでは外国人お雇いの人が教授でした。大阪に辰野片岡建築事務所を開き、当時躍進する大阪でも活躍しました。近くにはタワーマンションの現グランサンクタス淀屋橋の二階までの外壁として残っている建物を大正7年に建てています。赤レンガのビルタワーマンションの建物の間の三休橋筋から北を望むと、辰野金吾さんが監修した大阪市中央公会堂が見えます。彼の代表作は、東京駅舎、日銀本店、同大阪支店が有名です。

辰野金吾設計の高麗橋ビルと浪花協会（右奥の建物）

グランサンタス淀屋橋マンション

話を戻して、弊社の南向かいの左手に日本家屋がありました。ここは「吉兆さん」本店として平成30年まで営業されていましたが、ホテルと吉兆さんに分割され建て直し中です。

この日本家屋は大阪古美術界の頭取の児嶋嘉助《かすけ》さんが昭和13年に、有名な数寄屋棟梁の平田雅哉さんに造らせた家でした。ちなみに平田棟梁の作品としては、京都嵐山の「吉兆」の他に、城崎西村屋平田館、東近江の料亭・招福楼などが残っています。

一筋南の伏見町には茶道具屋や唐物商が集まっていました。平田棟梁が造った児嶋嘉助さんの家は、茶道具、掛け軸のショールームを兼ねていたため茶室もあり、全ての部屋に床の間があったり、炉を切った部屋も多くありました。児嶋さんの御嬢さん方は名家へ嫁がれその息子さんもロイヤルホテルにお勤めでした。

しかし終戦後の混乱の中、昭和24年に、日本家屋は嵐山の別荘と共に手放され、「吉兆」の湯木貞《ゆき》一さんがその両方の家屋を買われました。各部屋に床の間がある建物は料亭に最適でした。その後も湯木さんは平田棟梁と手を入れられ、お茶事などに最適な空間を作ると共に、それに適したお料理を生み出され、懐石、松花堂を広めました。

懐石は普通「会席」ですが、懐に温めた石を入れておくと空腹が感じなくなるということから、へりくだった意味でのお茶事の食事。松花堂は、男山で過ごした江戸初期の茶人で僧侶の松花堂昭乗という人が、おもてなしのために文字通り馳走《ちそう》して（走り回って）食材を揃え、御馳走したことに由来しています。十文字に仕切った筆箱を弁当盆に見立てて料理を盛りつけことから、松花堂弁当として世に広まっていきました。

ここまで書いて、ふとトリビアなことを思い出しました。

伏見町にある松谷屋戸田商店の主人の末息子に、池田の一番上の伯母（私の父の姉）が嫁いでいました。その戸田商店が所有する芦屋の別荘にあった松はめ板（お能舞台の背景にある松を描いた板）を、高麗橋本店の二階の舞台に持っていってはめてあったことを私は覚えています。つまり伯母たちの時代はまだ家の中にも伝統文化が色濃く残っていたということです。

父の時代の大阪にはまだ「吉兆」にみるような日本家屋が多く見られましたが、大阪空襲でその多くが焼けてしまいました。あの空襲では南から焼けて淡路町で火が止まったと言われています。鉄筋の建物は戦災をくぐりぬけたものも多いですが、日本家屋はわずかです。そんななかで、福沢諭吉も学んだ緒方洪庵の適塾は重要文化財の指定をうけ、市立愛珠幼稚園の園舎も創建時のまま現存する数少ない日本家屋です。

大阪の食文化を支えた船場

こうした歴史的建築物と並んで大阪の食文化も立派な遺産です。鰹節のイノシン酸と昆布のグルタミン酸を合わせると2倍の旨みになる「合わせ出汁《だし》」の発見は大阪です。天下の台所として東西南北の物品が集まった大阪でこそ出来上がったものです。

船場には今橋に「つるや」、平野町に「堺卯《さかう》」、北浜に「なだ萬」がご三家で、他にも格式のあった「花外楼」や「吉兆」など、大阪には日本を代表する料亭がありました。今はこのあたりには後者2軒だけとなり寂しいことですが、皆で支えないといけないと思います。

観光立国をめざす日本、これからはますます日本の伝統文化の良さが見直されていくでしょう。これからも「船場博覧会」などを通じて、大阪・船場を盛り上げていこうと思います。

アメノヒボコ伝承

―地元に残る神話から―

但馬歴史文化研究所所員
石原　由美子

いしはら　ゆみこ
1961年出石に生まれる。
古代を中心に但馬の地域史を研究。近年は出石藩の藩祖仙石権兵衛の黒印状など、新出の中近世文書の紹介にも関わる。『アメノヒボコー古代但馬の交流人ー』『但馬の城下町出石を歩く』『なるほど但馬史』など編著あり。

日本の古代に興味のある人、特に朝鮮半島との交流に関心のある人で、アメノヒボコ伝承に興味を持たない人はないであろう。

『古事記』『日本書紀』（以下『記・紀』とする）に登場する新羅《しらぎ》国の王子アメノヒボコが妻を追って海を渡り、日本各地を遍歴し、やがて但馬《たじま》の出石《いずし》の地に安住の地を見出し、そこで新たな伴侶を得て、その子孫が続いていくという記事は、単なる想像の物語ではなく、古代の但馬に朝鮮半島の人々が渡来し、定住していた傍証であると捉えられてきた。

但馬の人々、特にアメノヒボコを祭神とする出石神社《いずしじんじゃ》（豊岡《とよおか》市出石町宮内《みやうち》）を筆頭に、その一族を祭る神社が点在する出石川《いずしがわ》と、その本流である円山川《まるやまがわ》下流域の人々にとって、それは自分たちの遠い先祖の記憶であり、氏神として地域の人々に崇《あが》められてきた神々の経歴を伝えるものであった。

そして、人々が日々に耕やす田畑も、切り立った巖《いわお》が迫る瀬戸《せと》の景色も、滾々《こんこん》と湧《わ》き出す温泉も、その祖神がもたらした恩恵としてとらえられてきたのである。

その一方で、古代には死野《しにの》と呼ばれた生野《いくの》峠を境に、但馬の南に隣接する播磨《はりま》の人々にとって、アメノヒボコは、在地の神と土地の占有を争う外部からの侵入者としてしばしば登場する。『播磨国風土記《はりまのくにふどき》』から、その伝承のひとつである宍粟郡《しそうこおり》御方里《みかたのさと》の条を抄出してみよう。

御方里《みかたのさと》　御形《みかた》と号《なづ》くる所以《ゆえん》は、葦原志許乎命《あしはらのしこをのみこと》、天日槍命《あめひぼこのみこと》と、黒土の志爾嵩《しにだけ》に至りまし、各《おのおの》、黒葛《つづら》三条《みかた》を以《も》ちて、足に着けて投げたまひき。その時、葦原志許乎命《はしはらのしこをのみこと》の黒葛《つづら》は、一条《ひとかた》は但馬の氣多郡《けたこおり》に落ち、一条《ひとかた》は夜夫《やぶ》の郡《こおり》に落ち、一条《ひとかた》は此の村に落ちき。故《かれ》、三条《みかた》という。天日槍命《あめひぼこのみこと》の黒葛《つづら》は、皆但《たじ》

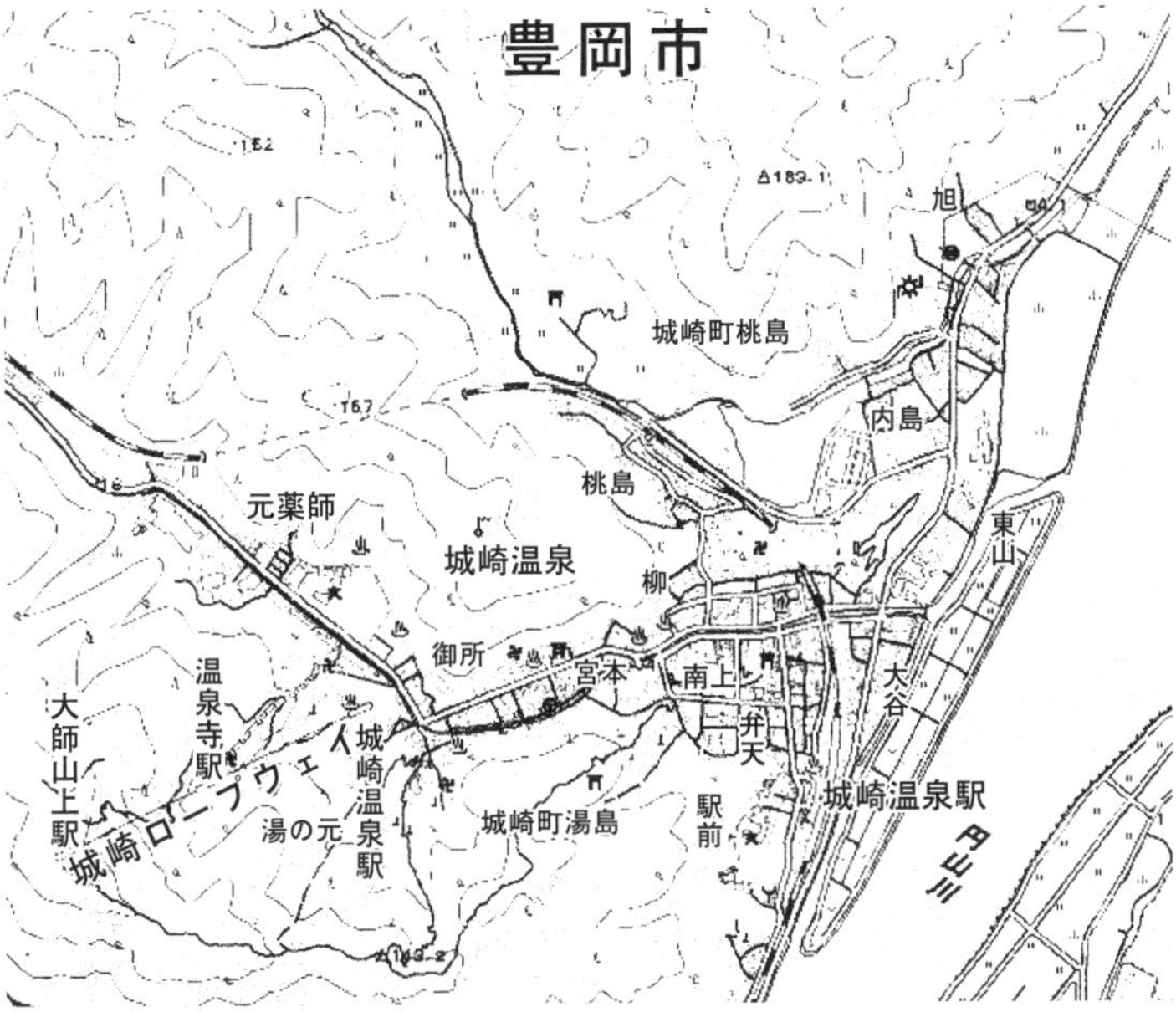

城崎周辺図（国土地理院電子地形図25000を使用）

馬国《まのくに》に落ちき。故《かれ》、但馬の伊都志《いづし》の地《ところ》を占めて在《いま》しき。

　ここでは、在地の神はアシハラノシコオ（葦原志許乎）となっているが、この直前の波加《はか》の村の条では、イワノオオカミ（伊和大神）と記されている。いずれも出雲系の国土経営神《こくどけいえいしん》であり、時として同一神として扱われている。

　また、揖保《いぼ》郡粒丘《いいぼおか》の条には、韓国《からくに》から渡来したアメノヒボコが自分の居住地を国主であるアシハラノシコヲに求めたところ、海中に居ろと拒絶されたため、剣の先で海水をかきまぜ激しく威嚇する。それを見たアシハラノシコヲは、アメノヒボコから土地を奪われまいと奔走するが、その途中、食事をしたところ、口から飯粒（イイボ）がこぼれたのにちなんで粒丘《いいぼおか》と名付けたという。

あわてふためくアシハラノシコヲの姿が目に浮かぶようである。

このように播磨国の地名起源に、しばしば登場するアメノヒボコだが、残念なことに、『但馬国風土記』はその断片すら残っておらず、現在我々がアメノヒボコの伝承としているものの多くが、『記・紀』あるいは奈良時代に編集された古風土記の頃から連綿と伝えられたものなのか、はっきりしない。

たとえば、昭和十二年に兵庫県神職会が編集した『兵庫県神社誌《ひょうごけんじんじゃし》』の出石神社の項には、雑載《ざっさい》として出石《いずし》郡と気多《けた》郡の郡境である狭間坂の麓、中郷《なかのごう》の「あいたちの社」と俗称される社について、以下のような伝承を記している。

狭間坂《はざまさか》の麓、中郷《なかのごう》村に俗に「あいたちの社」と称するあり。祭神は天日槍命《あめのひぼこのみこと》の御先手《おさきて》なりと、而《しこう》して天日槍《あめのひぼこ》開国の後、右祭神が恣《ほしいまま》に居《きょ》を此所《ここ》に占《し》めしかば、命大《みことおお》に怒り給《たま》ひて、汝此国《いましこのくに》の中央に居るべきものに非《あら》ずと剣《つるぎ》を抜き、その足を切り給《たま》えば、同祭神《さいしん》は隻脚《せききゃく》を以てその居に帰り給《たま》うという、その時、命《みこと》血を以て汚れたる剣《つるぎ》を傍《かたわ》らの岩石に拭《ぬぐ》ひ給《たま》うと云う。

あいたちの社の神はアメノヒボコの従者であったが、ヒボコによる但馬開国の後、勝手に良地を占拠したため、主であるヒボコの怒りを買い、足を切り落されたという。

このあいたちの社は、現在、式内葦田《あしだ》神社に比定されている。というよりも、式内の葦田神社が所在不明となったため、地元で愛痛大明神《あいたちだいみょうじん》と呼ばれて祀《まつ》られていた社を明治以降に葦田神社としたのである。

同じく『兵庫県神社誌』の葦田神社の項では、祭神は天麻比止都祢命（アメノマヒトツノネノミコト）あるいは日置《ひおき》の庄《しょう》葦田宿祢《あしだのすくね》であるとしながらも、異説として当社の祭神はアメノヒボコの随神《ずいじん》で、ヒボコに断りなく、国府庄を一望できる場所を自分の鎮座地としたことを謝罪するため、庶民の足痛を治すことを誓願《せいがん》したという。その随神の名は不明で、神社周辺の山を愛《あい》痛山《たちやま》と称するとする。

現在の葦田神社の境内には、ヒボコが剣についた血をぬぐったという岩があり、切岩と呼ばれ、その側に、神社の伝承を記した案内板が立てられている。そして、本殿の北側には、足痛大明神と彫られた石がひっそりと残されている。

実は、この神社の至近距離には、明らかに朝鮮半島の墓《ぼ》制《せい》の影響を受けた石枕《いしまくら》を備えた石棺を持つ中ノ郷《なかのごう》・深谷古墳群が存在していた。詳細は但馬考古学研究会から発行された『中ノ郷・深谷古墳群』を参照していただ

出石神社

きたいが、古墳群の発掘を主導し、この報告書をまとめられた故瀬《せ》戸《と》谷《たに》皓《あきら》氏はこの古墳群を在地色の強い、畿内地域とは大きく異なるものであると述べた上で「部族《ぶぞく》首長《しゅちょう》のもとにあって、部族を構成する単位氏族《たんいしぞく》の長および成員のための古墳であると考えてよかろう」と結論づけられている。

想像をたくましくすれば、中ノ郷の深谷古墳群に埋葬された一族は峠を越えた東の出石に居住するアメノヒボコを先祖とする渡来系氏族の一派であり、石枕を備えた石棺に葬られた一人は、一族同志の紛争で、片足を失っていたかも知れない。

また、出石郡と朝来《あさご》郡の郡境でもある床尾山《とこのおざん》の麓の豊岡市但東町畑《たんとうちょうはた》区にはアメノヒボコが瀬戸の開鑿《かいさく》に使用したノミを鍛えた鍛冶屋跡と呼ばれる場所がある。瀬戸の開鑿については後に詳述するが、畑区の隣の水石《みずし》区は『古事記』ではヒボコの記事に続けて記されるイズシオトメ（出石乙女）を祀る御出石《みいずし》神社が鎮座する。この御出石神社も先の葦田神社と同じく、延喜式成立当時の社の場所が不明となり、現在水石区の隣、出石町桐野《きりの》区の加茂《かも》神社が一般には御出石《みいずし》神社とされているが、他にも加茂神社の南東方に鎮

葦田神社

座する桐野《きりの》神社が御出石神社であるとする説もあり確定していない。

水石《みずし》の地名が御出石《みいずし》の転訛《てんか》したものとすれば、こちらの方に軍配はあがりそうだが、現時点では、古代の御出石《みいずし》神社は、床尾山《とこのおさん》の北麓で、出石川《いずしがわ》中流域に鎮座していたであろう、というくらいにしか言えない。

それはさておき、アメノヒボコを祖神とする渡来系の一族は製鉄集団であったというのは、よく言われることだが、床尾山から連なる畑《はた》区の鉄鈷山《かなとこやま》は、かつて鉄鉱山があり栄えたといわれている。畑の地名も、古代日本を代表する渡来系の氏族秦《はた》氏のハタが起源であるという。

アメノヒボコ伝承の残る場所は、秦氏《はたし》の居住地と一致すると言われる。先述の愛痛大明神《あいたちだいみょうじん》の伝承も、床尾山麓の畑でのアメノヒボコ伝承も、その起源がどこまでさかのぼれるかは不明であるが、但馬、とくに出石を中心とする一帯で、アメノヒボコに関わる伝承は多い。

このように起源不明のアメノヒボコ伝承がある中で、アメノヒボコによる瀬戸《せと》の開鑿《かいさく》神話は、記述された最古の年紀が明確なものである。

但馬東部を流れる円山川《まるやまがわ》の河口を塞いでいた岩を切り開き、滞留していた泥水を外海に押し流して、流域を居住可能な土地としたという、瀬戸開鑿《せとかいさく》による国土開発の神話が、史料で確認できるのは、ヒボコを祭神とする出石神社に所蔵される大永四（１５２４）年の『沙門某勧進状《しゃもんなにがしかんじんじょう》』（以下『勧《かん》進状《じんじょう》』と略す）である。

このこと自体は早くに故石田松蔵《いしだまつぞう》氏が昭和五十一（１９７６）年に豊岡で開催されたシンポジウム

「但馬の古代文化―天日槍《あめのひぼこ》をめぐって―」で言及されていた。

『記・紀』の記述にはない、瀬戸の開鑿により但馬を開発した祖神という、アメノヒボコのイメージが生み出された背景には、出石神社の鎮座する出石川流域と、その本流である円山川下流域の地理的環境が強く影響していたことは確かである。

石田氏も先述のシンポジウムで、円山川水系でも豊岡盆地に居住していた集団が持っていた海洋民族的性格が、朝鮮半島との関連を示す伝承を受容する素地となっていたという発言をされている。

この集団を石田氏は出石《いずし》氏と仮称されているのだが、その海洋民的な性格は中世にいたっても保持され、氏神である出石神社の祭祀に反映されたと思われる。

その一例として、出石神社には但馬では神馬《じんば》と称される、海藻の神馬藻《なのりそ》を立春に奉献する神事が伝わっている。先述の中ノ郷・深谷古墳群を調査された瀬戸谷氏は、アメノヒボコについて論究された共書『アメノヒボコ―古代但馬の交流人』の中で、城崎に隣接する桃島《ももしま》の旧家秦《はた》家に伝わる中世文書の内容から、この神馬藻《なのりそ》は本来、円山川河口部に位置する桃島の浦人が奉納していたのではないかと推測された。

先にも述べたが、渡来系の雄族である秦氏の居住地とアメノヒボコ伝承の分布は一致するという。秦家に残されていた鎌倉時代後半の正安《しょうあん》元（1299）年の年紀をもつこの文書の前半には次のように書かれている。

八幡宮寺御領但馬桃嶋之浦

依為一宮大明神之具斎之浦、
桃嶋之内神崎堺而
自他所不可漁捕者也
（八幡宮寺御領但馬桃嶋の浦、
一宮大明神の具斎の浦たるによって
桃嶋の内神崎を堺て
他所より漁捕るべからず、てへるなり）

「八幡宮寺《はちまんぐうじ》の御領《ごりょう》である但馬の桃島の浦は一宮大明神（出石神社）の具斎《ぐさい》（供斎＝お供え）を奉納する浦であるから神崎を境として他所者が漁をすることを禁止する」
というのである。そして、この文書の最後は「神代の子細有によって下す状件の如し」と、桃嶋の浦人の漁労の独占権が、神代から引き継がれてきた権利であると述べている。また、翌正安二（１３００）年の文書には、桃嶋の浦での漁捕《すなどり》の職権を、一宮から代々与えられた権利として認めると書かれている。

この文書自体は残念ながら後世の写であるが、鎌倉時代以前から、円山川河口部に位置する桃嶋周辺が出石神社の影響力が及ぶ範囲であった、あるいはそのように意識されていたことがわかる。この文書を代々伝えてきたのが、秦家であるというのも、アメノヒボコ伝承と秦氏との関係を示すものとして見逃してはならないであろう。

話しを『勧進状』に戻そう。そもそも沙門某《しゃもんなにがし》が、出石神社の社殿再建のために寄進を募ったのは、その二十年前の永正元《えいしょう》（１５０４）年当時の但馬国守護山名氏《たじまのくにしゅごやまなし》の本拠を、家臣である守護代《しゅごだい》の垣谷《かきや》氏が焼き討ちした際に罹災《りさい》したためである。この時の守護は山名持豊《もちとよ》（宗全《そうぜん》）の孫山名致豊《むねとよ》であった。『勧進状』が作成された大永《だいえい》四年当時の山名家当主は、その致豊《むねとよ》から家督を引き継いだ弟の誠豊《のぶとよ》であるが、父政豊《まさとよ》、兄致豊《むねとよ》に引き続き播磨侵攻に失敗し、その勢力は弱まりながらも、但馬国守護としての権威を保っていたことは、出石神社の別当寺院《べっとうじいん》である総持寺《そうじじ》に守護使不入《しゅごしふにゅう》を保証していることからも伺える。

守護山名氏の庇護《ひご》を受け、出石大明神＝アメノヒボコの国土開発の功績を説きながら各地を巡り、浄財を募って社殿復興を成し遂げた沙門某とは、出石神社文書に後世書き足された識語《しきご》によれば、総持寺中興開山《ちゅうこうかいざん》の光盛《こうせい》であるとされている。

光盛の名は、さらに十年余り後の天文《てんもん》四（１５３５）年に造立された総持寺本尊千手観音《せんじゅかんのん》の本願として、観音像の胎内《たいない》に残された奉加帳《ほうがちょう》に記されている。『勧進状』から十一年、復興の総仕上げとして、本尊の造立を成し遂げた彼の喜びはどれほどであったろう。

光盛の勧進の範囲がどこまで及んだかは、社殿再建の奉加帳《ほうがちょう》が残されていないため不明なのだが、観音像の奉加帳で、ある程度推測可能であると思われる。観音造立の寄進者の筆頭は叔父誠豊《のぶとよ》から山名家の家督を継いだ祐豊《すけとよ》である。施入したのは千疋《せんびき》というから、銭にして二十貫、当時銭一貫が知行高で二石とすると、四十石。これが多いか少ないかは別として、祐豊の次に多いのが神主である長尾家の一族（神主本人かも知れない）長尾権守《ながおごんのかみ》と他数名が寄進した百疋とすれば、御屋形《おやかた》とのバランスもあったとはいえ、群を抜いている。

だが、ここで取り上げたいのは、寄進の多寡ではなく、寄進者の構成についてである。

奉加帳には、先述のとおり、山名《やまな》祐豊《すけとよ》を筆頭に、その被官衆《ひかんしゅう》が名を連ねている。祐豊の次には乃《の》木《ぎ》日向守《ひゅうがのかみ》、同若狭守《わかさのかみ》の名がある。山名四天王といわれた有力被官《ひかん》の内、南但を本拠とする太田垣《おおたがき》氏からは、太田垣《おおたがき》加賀守《かがのかみ》が、気多《けた》郡と美含《みぐみ》郡に割拠《かっきょ》する垣谷《かきや》の一族からは、垣谷六郎衛門が確認できるが、残る養父《やぶ》郡の八木《やぎ》を名字の地とする八木氏と、円山川河口に広がる庄名を名乗る田結《たいの》庄《しょう》氏の名が見られない。気多郡知見《けたのこおりちみ》を本拠とする家城氏、同観音寺《かんのんじ》の夜久《やく》氏や朝来郡の多々良木《たたらぎ》氏などの名もあるが、美含《みぐみ》郡の長《ちょう》氏、二方《ふたかた》郡の田公《たぎみ》氏が見られない。残された史料のみからの推測ではあるが、これがこの当時の山名氏の勢力の限界であり、光盛の勧進の及んだ範囲であろう。

奉加帳《ほうがちょう》に残された山名氏被官の内、守護祐豊の次に名を連ねる乃木日向守、同若狭守は円山川河口部、城崎郡田《た》結郷《いのごう》野木谷《のぎたに》を名字の地とする国人《こくじん》である。余談だが日露戦争の際に陸軍の司令官であった乃木希典《のぎまれすけ》の先祖の一族でもある。野木谷は現在城崎温泉で知られる城崎町湯島《ゆしま》区の北

桃嶋の浦

西、城崎中学校に近い元薬師《もとやくし》と呼ばれる場所周辺であり、城崎温泉を湧出《ゆうしゅつ》させた道智上人《どうちしょうにん》を開山とする温泉寺《おんせんじ》とは温泉街を貫いて流れる大渓川《おおたにがわ》を挟んで、対岸の北側に位置する。元薬師《もとやくし》と呼ばれるように、ここにはかつて円満寺《えんまんじ》と呼ばれる寺があり、天正《てんしょう》年中に現在の温泉寺のある大師山《だいしやま》麓《ふもと》の薬師堂のある現在地に移転したという。それはともかく、乃木氏もまたその本拠地である円山川河口部と出石の地を結びつけるアメノヒボコ伝承の受容者であったということはいえよう。

　こうした中世における地縁関係は、温泉寺に残された『温泉寺縁起帳《おんせんじえんぎちょう》』（以下『縁起帳』と略す。）からも確認できる。この文書は『勧進状』と同時期、大永八（１５２８）年に書写されたものであり、城崎の温泉湧出の次第と温泉寺本尊の由来を述べているのだが、道智上人《どうちしょうにん》が城崎の地に来たとする十年前の和銅元年（７０８年）に、田結郷《たいのごう》に居住する日生下権守《ひうげごんのかみ》の夢想に出石大明神＝アメノヒボコの眷属《けんぞく》と名乗る四神が現れたのを、土地の守護神として祀ったと記しており、城崎の鎮守四所《ししょ》神社《じんじゃ》の縁起ともなっている。四所神社《ししょじんじゃ》は現在湯山主《ゆやまぬし》の神を主祭神とするが、『神社誌』では、多岐里《たぎり》比売神《ひめのかみ》・田記津比売神《たぎつひめのかみ》・市杵比売神《いちきひめのかみ》・清《すが》ノ湯山主《ゆやまぬし》・三名狭漏彦八島篠神（ミツナサルヒコヤシマシノノカミと訓じるか）・市杵島姫神《いちきしまひめのかみ》・豊受気神《とようけのかみ》とし、三名狭漏彦八島篠神を湯山主大神《ゆやまぬしのおおかみ》の別名とするなど、記録に混乱がある。大正時代に編集された『城崎温泉誌』では湯山主神を祭神として、日生下権守の夢想に現れた神がすなわち湯山主神であるとする。いずれにせよ、中世には確実にアメノヒボコ系の神を祀《まつ》っていたのである。

　同縁起によれば道智上人もまた、この神社に参籠《さんろう》し、大明神の託宣を受け温泉を湧出させる。この縁起の異本《いほん》ともいえる『曼荼羅湯縁起《まんだらゆえんぎ》』によれば、日生下権守《ひゅうげごんのかみ》の夢想に現れたのはアメノヒボコ本人であったという。

仏教が庶民にまで浸透した中世において、密教僧などを中心に『記・紀』伝承を本地垂迹説《ほんじすいじゃくせつ》に則しながら再構成する動きがみられるが、出石神社の『勧進状』も温泉寺の『縁起帳』もそうして誕生した中世神話のひとつといえる。ただし、この中に記される、瀬戸の開鑿や、アメノヒボコの眷属《けんぞく》の物語は、出石と円山川河口部一帯が古代から密接に関わりあっていたからこそ生み出された神話であるといえよう。

『但馬国風土記』が残っていたら。そこには、どのような物語が記されていたのだろう。この小文は、そんな自問から、アメノヒボコに関わる地元の伝承を取り上げてみた。

参考文献
『アメノヒボコ―古代但馬の交流人』　瀬戸谷晧・石原由美子・宮本範熙著（１９９７年　神戸新聞総合出版センター）
『よみがえる古代の但馬』但馬考古学研究会編（１９８１年　但馬考古学研究会）
『中ノ郷・深谷古墳群』　瀬戸谷晧編　但馬考古学研究会調査報告２（１９８５年　但馬考古学研究会発行）
『沙門某勧進状』『総持寺本尊造立奉加帳』『温泉寺縁起帳』については、どちらも『兵庫県史』史料編に、『秦文書』『曼荼羅湯縁起』については、『城崎町史』史料編に翻刻が掲載されているので、こちらを参照していただきたい。

千の谷のアンソロポロジー

大麻　豊

おおあさ　ゆたか
1970年法政大学哲学科卒。1971年渡印。インド放浪。
1972年日印サルボダヤ交友会青年部。
1983年東方学院関西教室一期生。
1987～2016年（公益社団法人）アジア協会アジア友の会常任理事
1988～2003年インド文化センター担当理事
2015～2017年追手門学院大学オーストラリア・アジア研究所客員研究員。
2018年インド国立タゴール国際大学講演。
VISVA-BHARATI(A Central University)
現在：（公益社団法人）アジア協会アジア友の会名誉理事。
国際ヨガＤＡＹ関西準備委員（インド領事館）。
ヨーガ情報ステーション代表。エッセイスト。講演多数。
トラベル・ミトラ・ジャパン㈱風神企画　代表取締役。

見知らぬ人

見知らぬ男が突然私の眼前に現れた。私はまだ5歳であった。

恐れの意識から私の世界が始まったと言えば、ずいぶん大袈裟な言い方になるだろう。しかし、確かにそうなのだから、しかたがない。

(この男は何ものか)

男の正体はすぐに知れた。怯える私に母が叫んだ。

「おとうちゃんだが」

男が私を抱き上げ、私は子猿のようにしがみついた。

(私は不義の子か)

私の記憶から、なぜ〝男〟が消えていたのか。母と離別した父が会いに来てくれたのか。それとも男は別に家庭をもつ事情があるのか。

あるとき、私は隣の家に行き、こう言った。

「おばさん、ぼくは出合橋の下で一番ええ子だけ、拾ってきただって」

出合橋は山陰線浜坂駅から湯村温泉に向かう分岐点の橋である。そのまま岸田川にそって鳥取県境に向かえば、私が生れた村に到る。

隣人は大笑いした。しかし、私は拾われた子であった。雪の降る寒い日に、誰かに拾われた〝記憶〟がある。むろん赤子にそのような記憶が残るはずもない。〝捨て子〟という誰かのことばによって、私がつくりあげた想念である。インドに渡ってから、ブッダあるいは遊行僧が私を拾ったという想念に展開したこともある。ここまでくると全く妄想である。記憶は自分の都合のよいように変容される。

実は私は父が41歳（前厄）のときの子である。この年の赤子は禍がつくので一度捨てて厄を払う俗信があった。

しかし、これだけは確かな記憶である。出稼ぎから帰郷した男が包丁をもって「殺したる！」と隣家に押し入ろうとした。穏やかな男が激怒した衝撃の記憶である。母が必死で止めていた。

その後の記憶では、私と男は夜汽車に乗っていた。男は革製のトランクをもっていた。そこに何が入っているか知る由もなかったが、座席と座席の間にそのトランクを置き寝床を作ってくれた。私はその上で眠った。

目覚めると大阪駅に着いていた。初めて見る大都会である。阪急百貨店前の広場には輪タクが並んでいた。インドの駅前でリキシャー群を見ると、この光景と重ね合わせることがある。

男はある家を訪れた。どのようなご縁の家か未だに分からない。便意をもよおしたので、トイレを使わせてもらうことになった。トイレを覗いて私はた

竹田村にて

じろいだ。便壷がなかったからである。暗く深い糞尿壷にくらべて白い陶器製便器は眩しかった。そのことを男に告げると、その家の御婦人が使用方法を教えてくれたが、幼い私には理解できなかった。我慢できなかったので用便したが、恥ずかしながら流すことなく戸を閉めた。水洗トイレの恥辱的体験である。

次に訪れたのは長屋の二階の部屋であった。そこの女主人が茶こしでお茶をふるまってくれた。粉茶に湯をそそぐと茶褐色の液体になった。初めて見た緑色でない紅茶を興味深く飲んだ。なぜこの長屋にやって来たのか、秋に知ることになった。

水洗トイレや紅茶は、昭和20年代では珍しいことであった。この長屋は京阪電車滝井駅で下車する。始発駅は天満橋駅である。その橋を渡っているとき、上空に火の粉が飛んでいるのを見た。火事になると思ったのか、私は声をあげた。

「おとうちゃん、火の粉がとんどる」

男、いや父は答えた。

「あれはひこうきだがな」

男は父になっていた。

火宅の父

私の父大麻森一郎は、明治40年4月1日兵庫県美方郡温泉町千谷で生まれた。4月1日は正確な誕生日ではないらしい。昔は出生日を変更することがあった。大麻次之助、ます（旧姓枚谷）夫婦の四人姉弟の長男であった。ますは三男出産後は健康が優れず大正5年3月17日に早世してしまった。森一郎10歳のときである。長女せとは出合橋の三谷家に嫁ぎ、次男冨蔵はますの妹とらの嫁ぎ先である浜坂の岩田家に預けられた。冨蔵は恵まれていた。そこから高等小学校に通うことができたからである。三男三千年は5歳で幼く、農作業の苦労は長男である森一郎一人にのしかかっていた。

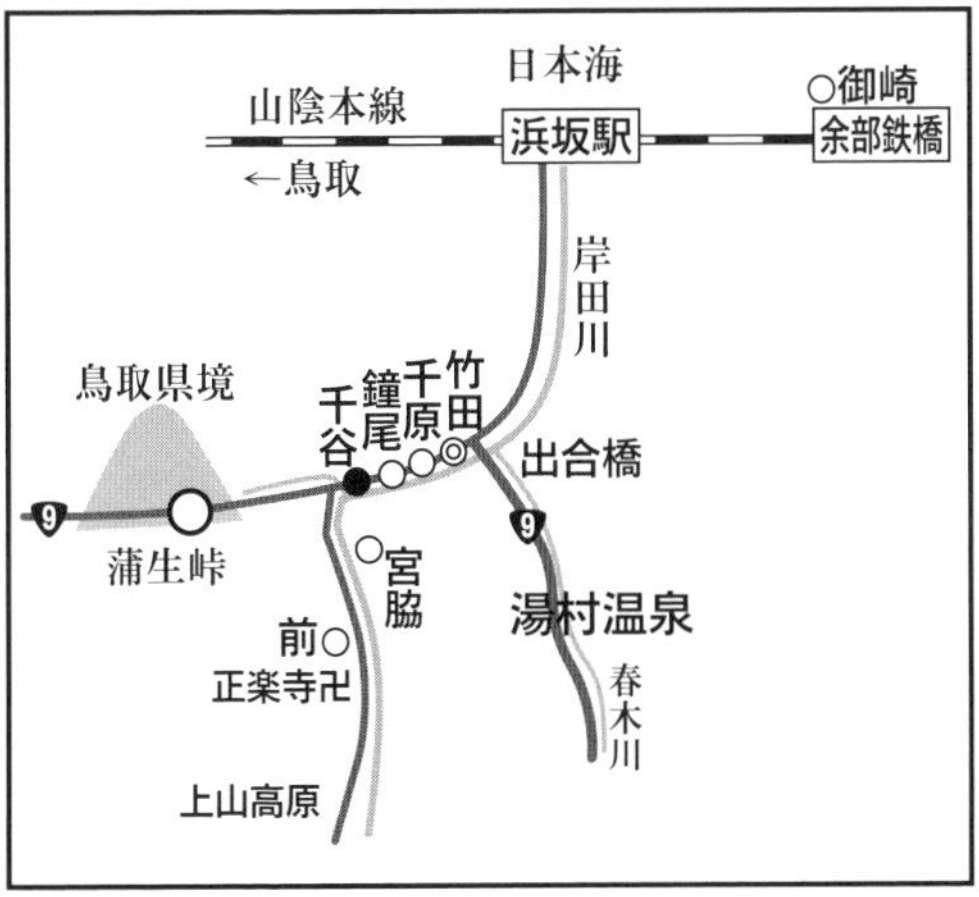

「ちいさな身体で、天秤棒をかついであの坂をあがっただわ」

父は仕事で疲れたとき、苦い思い出のようにことばを吐いた。私はくどい愚痴を無視した。

父方の祖父・次之助は後妻を娶ったが、前夫の女子をともなっていた。このことが後年諍いの原因となった。

私の姉美和子が生れたのは昭和16年である。そのころ父母は大阪市造幣局近くに住んでいた。大阪大空襲を前に母と姉は疎開することになった。母と姉はとりあえず出合の父の姉せと宅に落ち着いた。そのときのことを母は悔しさを滲ませて言った。

「美和子が柿を盗って食べたと責められた。うちも娘も盗っとらん」

せとからあらぬ嫌疑をかけられたのである。その後二人

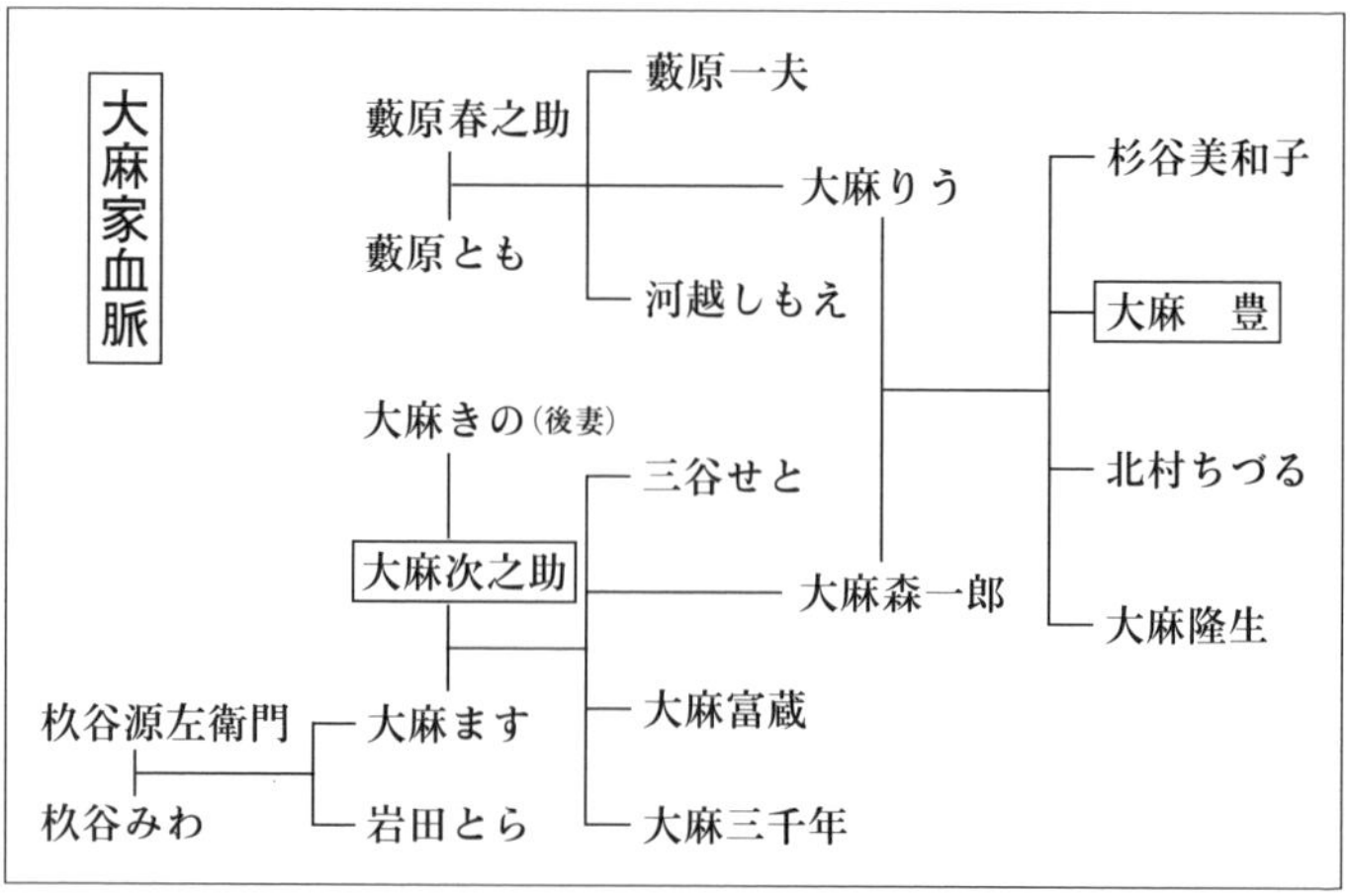

は千谷に移った。平屋を土壁で区切っただけの狭い部屋であった。戦火から逃れたもののそこも火宅の館であった。隣人とはぎくしゃくしていた。隣人とは誰なのか。土壁の隣に祖父次之助と後妻と連れ娘が住んでいた。私よりも一歳上の連れ娘の婚外男児がいた。ところが後妻親子の顔は記憶の底にあるが、祖父の顔が全く欠落している。その存在すらも長い間知らなかった。

　私にとって〝祖父母〟といえば母方の藪原春之助、とも夫妻以外に考えられなかった。千谷から7キロ下った竹田村に住んでいたが、春之助に手を引かれ雪を踏み分けて千谷まで歩いた記憶は鮮明に残っている。小学生のとき私が〝不良児童〟になることを案じた母は、毎年夏休みになると大阪駅から一人汽車に乗せ竹田に送り込んだ。祖母ともの隣で寝ていたが、私が帰る時祖母の目頭はいつも濡れていた。出発を告げると振り向きもしないで言った。「またこいや～」

　やがて相続の問題で父方の祖父次之助と揉めだした。長男である父が継承すべき田畑を後妻親娘が受け継ぐことになった。裁判沙汰になり父は敗訴した。私の母が次之助を諌めると、「おまえらの世話にならんわい！」と言い放った。それを母から聞いた温和な父が、包丁を片手に激怒し隣家に押し入ろうとした。父にしがみ付きながら母が私に叫んだ。

「いた屋のおじさんを呼んで来い！」

近くに住んでいた父の従兄宗次の家に必死で走った。宗次が飛んできて父をとめた。

それでも父は田畑も財産もない村を離れることができなかった。おそらく父が〝長男〟であったからであろう。しかし敗訴を契機についに村を出ることを決心した。それを強く押したのは母であった。

昭和27年父と私は夜汽車に乗っていた。まず明石に住んでいた父の弟富蔵の家に一泊した。前述の水洗トイレの豪邸は親方の家であったと思われる。千谷は杜氏の村と言ってもよい。ところが父は杜氏になれなかった。コップ半分のビールでも頭痛がする体質であった。それゆえ父は様々な職種の出稼ぎをしていたようである。高野山の高野豆腐、京都駅前の養鶏場、菓子作りなどである。合鴨をさばく職人技もあったので、その親方から東京の顧客先と資金の援助を受けた。父は丁稚（職人）を使う親方になった。

前述の長屋は引っ越し先であった。沖縄出身の女主人から買い取ったが転居先が定まらないというので一階と二階にしばらく同居することになった。

骨肉の争いの末に村を出奔したのに、父は祖父一家の生活援助をしていた。「おやじが世話になっとるだぁ」が言い訳であった。さらに未亡人になった病弱の姉せとを引き取り、死に水を取った。母と義姉せとは感情的なしこりがあったが、父にとってせとは母のような存在であったにちがいない。私にはそう思えてならない。私の両親は早朝から働いていたので中学生の姉美和子が私たち妹弟の面倒をみた。私にとって姉は母に近い存在である。その姉の姓が変わった。「大麻」から「杉谷（枚谷）」姓にかわったのである。なぜ改姓しなければならなかったのか。村の成り立ち『村史』に関係がある。

『千谷村史』と口伝

父の口伝によると、父の母方の祖先（夫婦）は昔京都から来たという。祖先は蒲生峠越えのため千谷で一夜の宿をとった。峠を越えると鳥取藩に到るが、当時は小さな旅籠一軒だけがあった。親切な旅籠の主と千の谷と呼ばれる景観に魅かれて定住することになった。私には取り立てて景色が良いようには思えないので、これは謎である。さすれば夫婦は平家の落人なのか。但馬地方には落人伝説が数か所あるが余部鉄橋近くの御崎部落がよく知られている。しかし、断崖絶壁にある御崎部落と異なり、山陰道の峠道（本道）で隠れ住むような場所ではない。落人説はくずれたが、そもそもこの夫婦は何ものなのか。どこに行こうとしていたのか。鳥取なのか出雲なのか。辺鄙な地に留まるにはある程度の資金がなければならない。そこで夫婦は高貴か裕福な都人かと推理した。確かに父方の祖母ますの妹は色白で品性があった。もしかしたら都から駆け落ちしてきたのかもしれない、と思ったこともある。

夫婦は村の始祖的存在であることは確かである。祖母ますは杦谷源左衛門とみわ夫妻の長女として生まれた。跡継ぎが没し本家の家系が絶えることになった。父はそれを憂慮して私の姉美和子に姓を継がせることにした。しかし家屋財産があるわけではなく、墓と阿弥陀如来像一体だけが残されている。私は青年のときそれに反発した。これが養女改姓の事実であるが、杉谷家は父の誇りでもあった。美和子の命名も〝みわ〟からきている。私も杉谷豊吉（昭和9年没46歳）からもらい名されている。なによりも夭逝した母への思慕があったのではないか、と私は思う。


口伝は父の強いノスタルジアにすぎない。歴史的資料がないか調べているとき『千谷村史』の存在を知った。昨年の11月母の妹河越しもえ（宝製菓㈱社長河越行夫の御母堂）の葬儀で浅田忠嗣と再会した。同郷人なので千谷村の想い出話で盛り上がったが、そのときに『村史』の話になった。早速送ってもらったが、375ページにも及ぶ大著であった。御尊父の浅田敬三（区長）のもと大上敏男が編纂したものである。何ヶ所かに父の名前が散見していた。

『村史』を開く前に、菩提寺の天台宗正楽寺の過去帳からみると、享保（1716―1736）まで遡ることができる。夫婦の年齢からして元禄（1699―1704）まで遡ることも可能であろう。この時代は大坂京都の経済的発展にともない町人文化が花開いた時代である。京都では織屋、染物、陶器、漆器などの産業が最盛期を迎えていた。それにともない街道筋の整備も進み人の往来が盛んであった。当然ながら都市住民の生活は安定していたと思われる。

そのような時代に、なぜ辺鄙な地に定住したのか。再び謎である。やはり『村史』を紐解かなければならないようである。

『村史』から正楽寺の寺歴をみると平安時代に遡る。二条天皇の保元3年（1158）に石清水八幡宮の「正楽寺別宮」として荘園になっていた。奈良時代中期に公地公民の原則はくずれ743年墾田永年私財法が発令された。それ以降有力な寺院は経済的基盤を安定させるため争って土地開発に乗り出し私有地「荘園」が誕生した。その歴史的経緯の中で正楽寺が建立されたと考えられる。開山はさらに古く長元8年（1035）だともいわれている。衰退後に中興したのは江戸時代初期（寛永13年、1636）に遷化した大阿闍梨「快洒」と伝えられている。

歴史的な推移は判明したが、残念ながら夫婦定住の記述はみられなかった。資料をつなぎ合わせて推理してみる。

但馬国にしかた日記（室町時代弘治3年、1557）によると隣村鐘尾や宮脇には数軒の記録が見られるが、千谷（ちん谷）には〝にし谷〟の名が見られるだけである。旅籠を営んでいた西谷家（こうじ屋）の先祖である。

夫婦の定住を室町時代に遡るには無理がある。正楽寺が復興した1636年以降の1700年頃に定住したと考えるのが妥当であろう。

千谷村は天正8年（1580）から天領（幕府直轄）であった。その後寛文8年（1668）豊岡藩に組み込まれたが、享保時代に藩財政が困窮し年貢は二倍近くなった。夫婦が定住したのが享保だとすると厳しい時代に定住したことになる。

『村史』によって、石清水八幡宮（京都男山）の荘園であったことを初めて知った。小学生のときエジソン記念碑があるので数回登ったことがある。生れ故郷と石清水八幡宮は意外なところで結びついていた。再度登ってみたい。

後世に天領となったが、生野銀山のように経済的な利点があるとは思えない。周辺地域と異なるプライドと文化が醸成された天領もあると聞くが、千谷周辺ではどうであろうか。そのようなものがかつては存在したのか、豊岡藩に組み込まれ消失変化したのか、文化人類学的に興味あるところである。

狛犬の寄進

『村史』に記述はないが、村の神社三宝荒神には狛犬がなかったので、父は61歳のとき一対を寄贈している。この寄進話は従兄の宗次からもたらされた。

神戸新聞や地方紙には次のような記事が掲載された。

「これまでになったのも氏神さまのおかげ」と還暦祝いに寄贈したもので、コマイヌはミカゲ石に刻まれ、一体が体長一メートル、高さ七十センチ、台座（高さ一メートル）を含め重さ二百二十キロ。一年がかりで制作され、費用は運賃ともで約百万円。

除幕式は１９６８年9月18日に挙行され氏子80人が参列した。その後樽酒が村人にふるまわれた。無一文で村を出てから16年の歳月が流れていた。父にとっては故郷に錦を飾った晴れの日であったであろうが、母のわだかまりは解けることなく列席しなかった。

但馬出身で歴史を動かした偉人を私は知らない。但馬の人は素朴で勤勉な特性をもっているといわれる。素朴故に優柔不断だという人もいるが、それは謙虚さの裏返しの表現である。父の性格に相似していると思える。勤勉さ故に厳しい作業の酒造りに耐えることができる。

丹波杜氏には「デカショ・デカショで半年暮らす、あとの半年泣いて暮らす」というデカンショ節がある。夫を出稼ぎに送り出した妻の哀歌との説もある。その語源は「でかせぎしよう」だとも言われている。それから派生したデカンショ節は、哲学専攻の私にとってデカルト・カント・ショーペンハウェルが語源だとながらく思っていた。

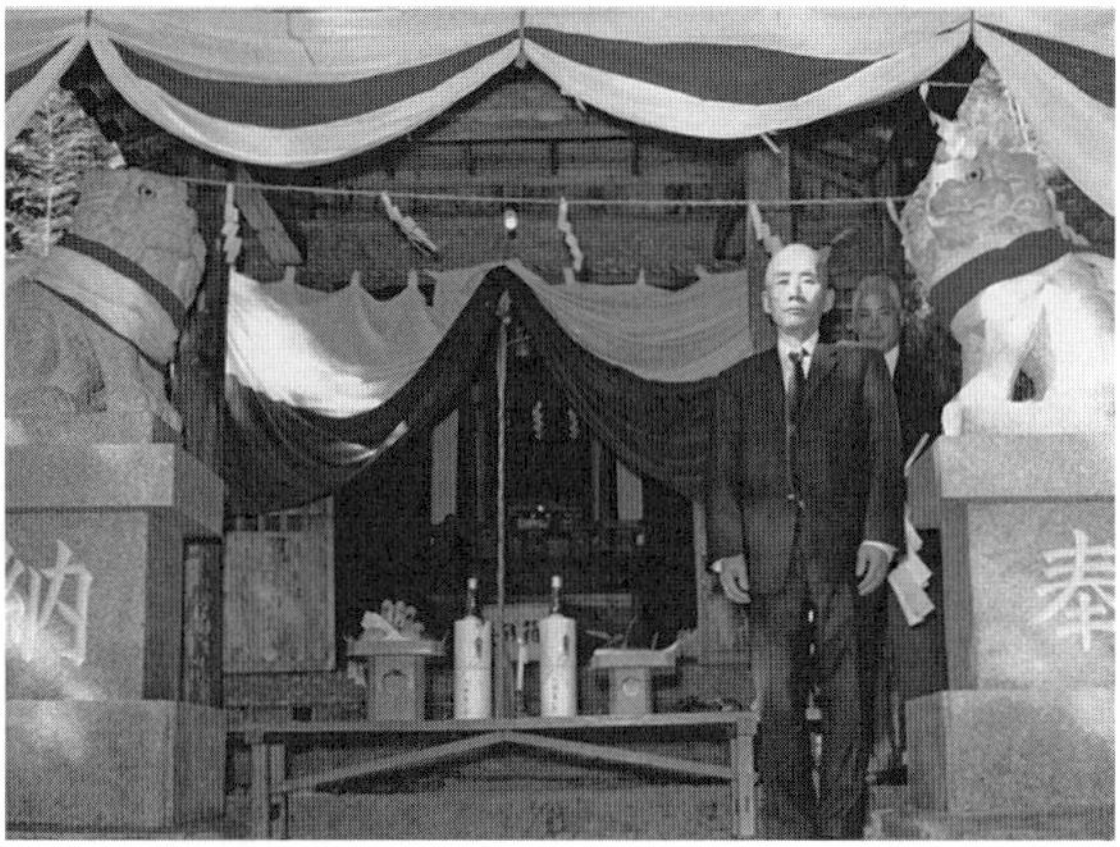

1968年9月18日　除幕式

高校時代の教師は「但馬杜氏は一年を11カ月で過ごす」と言っていた。出稼ぎ収入により農作業は11カ月間従事すればよいことになるからである。

父の口伝は、『村史』に残されることもなかった。なぜなら、それは父のノスタルジアに過ぎなかったからである。千の谷の村落史も父の存在も極めて狭い世界での営みである。戦後に村の労働力は出稼ぎから都市労働者へと移行した。そのことによって村落は再び極小化に向かおうとしている。もはや〝都市移民〟にとって故郷はノスタルジアでしか語ることができなくなった。しかしながらこの極小の世界なくして極大の宇宙は存在しない。都市そのものも一極化、少子化によって収縮しようとしている現在、微細な個の存在を伝達するものとは何かと考えたときに思った。私は次の世代にノスタルジックな〝村史〟を伝えたいと。

追記

浅田忠嗣氏から拝借した『千谷村史』によって歴史的背景を知ることができた。インド渡航が続き十分に検証できなかったが次稿に譲りたい。浅田氏には多くの労を執っていただき心より感謝申し上げます。

神秘の島

—冠島・沓島「物語」

大浦勝関

おおうら　かつとき
1937年京都府宮津市生まれ
栗中、宮高、東京技術管理専門学校卒
1957年陸上自衛隊伊丹駐屯地入隊
1963年中山木材入社
1966年㈱ホテル北野屋入社
2005年同社退社
独立自営＝大浦防災設備
ビル管理技術者、国家資格20種類取得
第２回全日本空手道選手権大会準優勝
茶道、華道師範免状、霊道、気功、整体、古神道研究など
現在は磐笛、根竹環、ホラ貝、角笛奏者として活動中
ＰＣを検索：根竹環、あわ歌磐笛、磐笛奏者、大浦勝関

様々な呼び名がある冠島・沓島

冠島・沓島は、日本海の若狭湾国定公園の海上に浮かぶ無人島です。大きい方は平安時代の貴族が頭にかぶった冠に似ているところから「冠島」、小さい方は足につけた沓に似ているので「沓島」と呼ばれています。室町後期の画僧雪舟の国宝「天橋立図」にも描かれている大小二つの島であり、昔から信仰の島として注目されてきた孤島です。

島には船を着ける港もなく人間が飲める水もない無人島。そんな両島がどうして出来たのか、丹後風土記残欠文からその要点を紹介します。

沓島・冠島位置図

古代において現在の大浦半島一帯は「凡浦郷（オオシマノサト）」と称していました。大宝元年（七〇一）三月二十一日より三日間、大地震が続き、半島の北部地帯は大陥没によってことごとく海中に沈下し、北端の高山二峰は海上に残った。それを「男島（オシマ）」と「女島（メシマ）」と称す。島ごとに祠を作り、天火明命（アメノホアカリミコト）と目下郎女神（メコイラツメノカミ）を発神として祭った、と記録に残っています。

冠島は別名、大島、雄島、竜宮島、海神（ワタツミ）の宮、喜界島とも呼ばれています。オオミズナギ鳥、別名サバ鳥と呼ばれる天然記念の鳥の生息地でもあることから、京都府の「府島」管理されている。

いつの時代にか、若狭湾沿岸の漁師が冠島に老人島神社（オイトジマジンジャ）を建て、今なお毎年六月初旬には「雄島（オシマ）」参りという船団をくんだ団体参拝の風習が残っています。

天火明命は、海部の祖神と記録されており、丹後府中の一の宮籠神社の宮司は代々「海部氏」によって引き継がれ、冠島は「奥宮」として位置付けられている。このように、冠島はこの地方最古の神祇が祭ってある神秘の島です。

ちなみに雪舟の最晩年（八十三、四歳）に描かれた「天橋立図」（国宝）は、現代の航空写真で撮ったごとく実景に近いにもかかわらず、はるか沖合にある冠島・沓島が天の橋立の右下に描かれているのは「どういう意図なのか」と問題になっています。

一方の沓島は、小島、雌島、鬼門島と呼ばれ、ウミネコ別名カモメの生息地となっている。冠島から東北の海上四キロメー

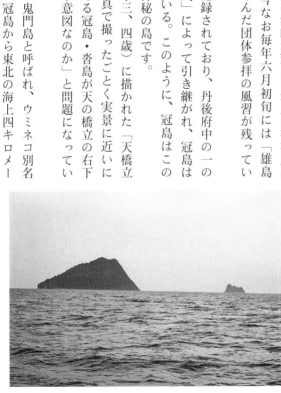

トル沖に位置している沓島は、一つの島に見えるが実際は、北の釣鐘島と南の棒島が狭い水道を隔てて相対している。この二つの島を合せて沓島と呼んでいます。

沓島は不毛の地で険しい絶壁の岩が荒海の中に立っており、避難するのにも舟の寄り着きが困難ですが、原生林でおおわれた冠島は、荒天時には沿岸漁民の避難地として神社が祭られ、「雄島さん」と親しまれています。

絶海の両島に沿岸の住民は深い神秘性を感得し、神を祭り、丹後の海の聖地とし、古来この両島の樹木には斧や鎌といった刃物を入れなかった。だが戦時中は、舞鶴に駐屯の海軍は冠島の頂上付近に砲台や兵舎を築き、自然のままであった原生林に警備兵を配置した。終戦に至るまで官軍の権力によって神聖な冠島の自然が汚されたのでした。

神秘にみちた伝説

とにかく冠島・沓島は沿岸の住民にとって神聖で神秘性に満ちていたことから、さまざまな伝説が生まれている。

①平安中期、陰陽道の安倍晴明（幼名童子丸）が修行して、神宝・妖術を授かった。

冠島　老人嶋神社の鳥居

②浦島伝説の竜宮城
③徐福伝説の蓬莱島、常世島
④文禄年間に、三種四郎左衛門という海賊が部下百名を従えて悪事を働いたが、岩見重太郎が計略をもって退治した。

浦島伝説が残されているように、冠島と沓島の中間にある「中津神礁」と呼ばれている岩礁は、竜宮の入口とも言われている。水深八メートルの海底には、高さ二メートル幅六十センチの階段があり、海底遺跡ではないかと言われています。

冠島も沓島も女人禁制と言われ、とくに沓島は男でもあまり上陸しないのに、明治三十八年（一九〇五）五月十五日から二十五日までの十一日間、出口ナオという当時六十八歳の老婆が二人の青年をお供に連れて「沓島ごもり」という大荒業を行った。この老婆こそ、丹波の地、綾部で発祥した宗教法人大本の開祖です。

明治二十五（一八九二）年旧正月、文字も読めなかった出口ナオは神懸かりして、自動筆記のように文字を書き始めた。未来を予言した出口ナオの「お筆先」は、大本の聖典となり、出口王仁三郎という巨人はそこから誕生したのです。

中津神礁

大本の経緯と『霊界物語』

出口ナオが神懸かりしたのは「艮（うしとら）の金神」で、別名、国常立大神であった。ナオはこの大神の声を聞いて自動筆記した「お筆先」が、「大本神諭（おおもとしんゆ）」として広まっていった。「艮の金神」を中心に世界の立替立直しが始まり、弥勒大神の世になることを宣言したのです。この内容は、大本の聖師となった出口王仁三郎の『霊界物語』のなかで、人類救済の経綸を測知することができると記されています。

『霊界物語』全八十一巻（全八十三冊）は、王仁三郎の口述筆記でまとめられたもので、一巻（約３００～４００ページ）は数日で筆記され、発刊は平均一月に一冊という超スピードでした。半時間ほど睡眠して目覚めると横たわったままある種のトランス状態で「文章がカイコの糸のようにスルスルスルスルと出て」きたと大本では伝えられています。

霊主体従（第１―12巻）：大正10年（１９２１）―大正11年（１９２２）発行
如意宝珠（第13―24巻）：大正11―12年発行
海洋万里（第25―36巻）：大正12年発行
舎身活躍（第37―48巻）：大正13年発行
真善美愛（第49―60巻）：大正13―14年発行
山河草木（第61―72巻、入蒙記／全14冊）：大正14年―昭和４年発行
天祥地瑞（第73―81巻／全９冊）：昭和８―９年発行

膨大な分量であり、ここで解説などとうてい出来ませんが、聖師はこう述べておられます。

「すべて霊界にては時間、空間を超越し、遠近大小明暗の区別なく、古今東西の霊界の出来事はいずれも平面的に霊眼に映じますので、その糸口を見つけ、なるべく読者の了解し易からむことを主眼として口述いたしました。霊界の消息に通ぜざる人士は、私の『霊界物語』を読んで、子供だましのおとぎ話と笑はれるでせう。ドンキホーテ式の滑稽な物語と嘲る方もありませう。（中略）私は何と批判されてもよろしい。要は一度でも読んでいただきまして、霊界の一部の消息を窺ひ、神々の活動を幾分なりと了解して下されば、それで私の口述の目的は達するのであります。（中略）本書を信用されない方は、一つのおとぎ話か拙い小説として読んで下さい。これを読んで幾分なりとも、精神上の立替へ立直しのできる方々があれば、王仁としては望外の幸であります」

「男子一度は必ず行くべし、二度と行く所（島）ではない」

この『霊界物語』のなかで、冠島・沓島について書かれていることを拾ってみます。

「一輪の秘法と一輪の仕組」

国祖・国常立大神が三個の神宝を冠島・沓島にお隠しになる。

・潮満の珠――厳の御魂（紅色）――ヨハネの御魂――水――豊玉姫（水の湧出）
・潮干――瑞の御魂（白色）――キリストの御魂――火――玉依姫（火の活動）
・この島の国魂の御名――海原彦神――綿津見神

これを使用する神業が「一輪の秘法」である。

・真澄の珠――国の御柱神が守護

そして「一輪の仕組」とは……

大八洲彦神、金勝要神、海原彦神、国の御柱神、豊玉姫に、この三個の珠の「体」のみを両島に納め置き、精霊をシナイ山の山頂に置かれることを指したのが「一輪の仕組み」。

三つの御霊大神と御名がつく「大本神――弥勒大神――根元神」の出現の精神を実地に行うこと。これをどう受けとめて生きて行くかが、秘められていると私は思う。

（こんなことを書いても、大本を知らない方にはさっぱり解らないのは当然ですが、あえて記しておきました）

冠島・沓島はこれほど神聖な島であるにもかかわらず、出口王仁三郎聖師曰く。

「男子一度は必ず行くべし、二度と行く所（島）ではない」

私は、両親が大本の信者であったことから幼い頃から聖師の教えに親しみ信じてきました。磐笛《いわぶえ》や根竹環（竹笛）を吹くようになったのもその信仰からですが、冠島・沓島には「二度と行く所（島）ではない」という聖師の真意は未だにわかりません。しかし、簡単に足を踏み入れられる島でないことは確かです。

石碑「大本開祖修行の地」　冠島

私が小学校四年生のとき、雄島参りの船団で初めて冠島に上陸参拝しました。神社の横の方に兵舎の建物が残り、海上には船結びの大きなブイが浮かんでいました。

山頂まで登っていく途中、6～7センチの穴が開いているのを沢山見かけました。なんだろうと思っていると、これは青大将の巣穴だと言われ、驚きました。青大将は「サバ鳥」の卵をねらって食べているということでした。帰船のとき、一人の青年が戦前の遺物である旧海軍の大砲の玉を拾って持ち帰りました。

その後、私は神事に関わるようになり、冠島には八回ほど上陸しています。そのうちの一回は、大本の開祖が冠島開きをしてから百周年記念祭典（二〇〇五年）で参拝したときです。全国から信徒七百名の一人として選ばれて上陸したのです。小学校四年生のときからおよそ半世紀、私は六十三歳になっていました。

普段は毎年舞鶴市にある国見山から遥拝祭を行っていますが、十年に一回は現地参拝があるのです。百年記念祭典のとき、大変名誉なことに、私は参拝者代表で玉串奉奠《ほうてん》をさせていただくことになっていました。ところが当日、台風接近のため海を渡れなくなり、国見山での遥拝となりました。それでも私は、玉串奉奠のとき全身がふるえて涙が止めなく流れ落ちました。そのことが今でも鮮烈な記憶として残っています。

（どんな宗教であれ、信仰するものに感謝の祈りを捧げる人は、感動に震えるのではないでしょうか。これは信仰のない人にはわからない心境ですが）。

結びとして

私自身は、超意識（本守護神）というものを信じています。その意識のなかでは、光も闇もなく、人間の祈りや愛や感情といったものも越えて「完全調和」の世界があります。（この完全調和の世界では、人類の歴史とか風土記というものも無くなり、無色透明な感じです）。

にもかかわらず、私があえて「歴史・風土記」をテーマにした本書に執筆したのは、矛盾した言い方になりますが、信仰の世界というのは文字では表現しきれないということを言いたかったからです。どんな宗教も根源は一つ、人の意識（心）が生み出したものですから、歴史や風土が異なっても宇宙意識という大きな心においては皆兄弟・姉妹です。人間の一生の「物語」も、その人自身の心がつくりだしていくものです。

霊界物語の第1～12巻は「霊主体従」という巻名になっていますが、これに反して「体主霊従」（われよし）の物欲で生きる人がいかに多いことか。霊（魂・こころ）が主で体（身体）は従という生き方こそが大事です。どんな宗教でも信仰というものの基本は同じでしょう。

とにかく私は自分の霊・こころ（意識）をただひたすら宇宙神（根本神）と同調させるべく、私の内なる神性（本守護神）のスイッチをオンにすることに集中します。磐笛や根竹環やほら貝を吹くの

根竹環

もそのためです。弥勒の世の実現を願いつつ、自分自身の役割使命を全うしたいと、八十歳を過ぎた今でも、請われるままに磐笛を吹きに行っています。

磐笛などを吹くときの祈りの言葉……

沓島の岩上に立ちホラ貝を　三千世界に響かせ給う

我はただミロク世願い磐笛を　三千世界に響かせ給う

伊都能売の磐笛吹けば天地も安く治まる御代は近めり

参考文献

丹後風土記残欠文からの要点
龍宮物語「記・紀」言霊解　（山口勝人著　みいづ舎）

平成の大修理を終えた最古の登窯

大上　巧

おおがみ　たくみ
1951年　今田町上立杭生れ
大熊窯　当主
丹波立杭焼伝統工芸士
元　丹波立杭陶磁器協同組合理事長
元　兵庫県工芸美術作家協会理事長

篠山市今田町、この原稿を書いている今、篠山市は市の名称を篠山市のままか、丹波篠山市に変えるかの住民投票と市長選が行われ、変更が多数を占め新元号に合わせて丹波篠山市が誕生する。市名がいくら変わっても私達は今田町という名には、ひとかたならぬ思い入れがあります。

今田町は、いつの頃から人が住むようになったのか？　そんな歴史を証明するのが社寺や遺物です。今田町をはじめ東条川流域の住吉神社の分布から、住吉神社は海人族が奉祀する神ということもあって、海沿いに住んでいた海人族が加古川付近から北上して東条川をつたってこの地に移り住んだという説がある。

黒石地区では石鏃《せきぞく》が発見されており、縄文時代か弥生時代にはすでに人が狩猟場として活動していたことがわかる。また、辰巳地区では平安時代の須恵器の窯跡が発見されており丹波焼のルーツとも言われている。

平安朝の頃「小野原庄」（現今田町）は摂津住吉神社の荘園となり（住吉神社文書）、６００年あまり続いたが、室町時代には和田寺《わでんじ》に寄進され住吉神社の荘園ではなくなった（和田寺文書）。

平家物語によると源義経は、この地を通り三草城攻めから鵯越え、壇ノ浦の戦いへと兵を進めて行ったと言われており、町内各地は義経伝説とともにそれを示す地名が数多く残っている。

江戸時代に入ると篠山藩の領地となり、幕末の頃には19村が総括して「今田組」と呼ばれ、明治22年町村制の施行にともない「今田村」が誕生した。また、昭和28年町村合併促進法により旧多紀郡内は19町村が６町村に再編されている。ちなみに私の先祖は明治２年に篠山藩内全域をまきこんだ百姓一揆の首謀者として磔の刑に処されている。今田町は今でも独自の活動を続けているのは、そんな影響があるのかもしれない。

丹波焼の歴史

８００年前より丹波の国や摂津の国の一部で焼かれた焼き物を丹波焼と言い、立杭地域で焼かれたものを立杭焼、または丹波焼と呼ばれている。

丹波焼の詳しい歴史については今までに多くの書物などが発行されているので、ここでは控えさせ

かつての登窯様子（板張りの屋根）

大修復が必要とわかる

修復後の最古の登窯

てもらうが、現時点では、ほとんどの窯跡が発掘されていないので、詳しい歴史は後世に委ねたい。

その立杭で私が生まれて約70年、焼き物の仕事に就いて約50年、地域の中でいろんな事業をやってきた。どれ一つとっても反対する人は多かったが、成功や失敗を含めて、絶対的な賛同者がいたことが成功の鍵だったと思う。

二十代半ば、私は仲間6人とともに陶器市を開いた。この市は「陶器まつり」と名を変え、今や篠山市の中でも最大規模の祭りとして続いているが、その当初は仲間の内にも反対者がいたし、開催に賛成してもらえたのは、私達の友人をはじめ2～3の窯元の方々を含めて20人ほどだった。立杭はじまって以来の多くの人に来てもらって大成功だったので、反対していた組合がその後は中心となって開催すると言って、丹波立杭陶磁器協同組合の主催となった。その後は今田町・今田町商工会・農協も参加して、町内全域で盛大に開催されるようになっている。

篠山の秋の味覚の王者となっている黒枝豆を、今田町商工会の青年部が陶器まつりで売り出した。いまや全国的なブランドとなった丹波の黒枝豆を、最初に広めだしたのはこの陶器まつりだったと言えるだろう。その当初、湯がいて紫色の豆を見たお客から「腐った豆を売った」という苦情が殺到した（黒枝豆は、完熟するにつれて紫、赤紫となって、この時期が最も美味しいのだが）。そこで翌年から湯がいて試食してもらったら爆発的に売れ出し、一時期は「枝豆まつり」と言われるほどだった。

陶器市で成功したグループ「窯《よう》」はメンバーも増え、若手六古窯展《ろくこようてん》の開催、丹波焼の窯元紹介本パートⅠ、パートⅡの発行など、活動を広げていった。しかしメンバーが増えるにつれて意見の対立や食い違いなど弊害が出てきたので卒業制度を取り入れた。現在まで40年以上グループが続いているのは、この制度のおかげと思っている。

「登窯修復事業」

400年前に朝鮮半島から来た人々によって築かれた登窯は、それ以前の「穴窯」と比べると格段に進歩した窯だった。

穴窯は一室だけで、薪を投入するところも一か所しかなく、斜面を掘って造った窯で焼き上げるのに相当な時間を要したと思われる。それに比べて登窯は、約50メートル前後の長さがあり、陶器を入れる袋（室とも言う）も10袋前後あり、大量の品を焼くことができる上に焼成時間も短くなった。親戚や一族が共同して窯を持つことにより、薪の確保や窯の修理も皆で行うことによって深いつながりが生まれたと想像できる。

そんな登窯が昔は立杭地区にはたくさんあったが、ガス窯や電気窯の普及につれ、登窯も15メートル前後の個人窯になっていき、昔のような長い登窯は徐々に無くなっていった。最近では昔ながらの工法で作った窯は三窯だけとなっている。

こうした中で、かつて四窯元が共同で焼いていた登窯が経年劣化して、まともに使うためには修復する必要があった。阪神

窯修復の日干しレンガづくりを手伝う子どもたち

淡路大震災や台風などの影響で上屋根の半分が無くなり、窯の半分はブルーシートで覆われていた。誰が見ても使われているとは思えない状態だった。

私達はこの窯に目をつけた。その理由は次のとおりである。

一、１８９５年の築窯以来、１２０年間焼き続けていること。

二、１９７３年に兵庫県の有形民俗文化財に指定されていること。

三、１９５７年に作窯技法が国の無形文化財に選択されておりながら今まで記録されていないこと。

四、立杭の中心にあり路地歩きなどで見学する人が絶えなかったこと。

五、私達は、登窯の修復も産地活性化ためにも必要と、常々考えていたことの一つだった。

ちょうどそんな折、私が丹波立杭陶磁器協同組合の理事長に就任し、同時期に、兵庫陶芸美術館の館長が交替された。そして新館長から、「兵庫陶芸美術館10周年の記念事業として全面的に協力するから修復してほしい」との要請を受けたのである。もちろん願ったりかなったりの話であり、すぐに組合で検討に入った。

問題は、この登窯が個人の窯であり、毎年二回ほど窯焼きをして火を絶やすことはなかったこと。また、修理するには組合の負担も大きくのしかかってくることから、所有者への説得ばかりでなく、組合員の理解と協力が必要だった。

修復に向けた機運を盛り上げるため、私はまず組合理事に理解を求め、２０１２年11月の業者会において、「文化財とまちづくり」と題して、兵庫県教育委員会文化財課長の村上裕道氏に講演していただいた。そして翌年の通常総会では、兵庫県指定民俗文化財修復事業に取り組む決議を行った。そしてすぐに文化財管理者の選任届出をして、丹波立杭陶磁器協同組合がその管理者となった。

組合は「登窯修復実行委員会」を立ち上げ、兵庫陶芸美術館のほうでも、地域を挙げて取り組むため、市内各種団体を巻き込んで「最古の登窯復興と丹波焼の里活性化推進委員会」を設置して、修復作業の手伝いをしてもらうボランティアサポーターの募集をはじめ、修復の様子の公開、イベント企画や開催など多岐にわたって協力いただいた。

記録を後世に残す

修復実行委員会では、修理の記録をして後世に残す責務を負った。私はそれに専念すべく、組合理

マクラづくり

マクラづくり・子どもも挑戦

事長の職を辞し、実行委員長に就任した。最初は、反対する組合員もあったが、修復を進めるにつれ理解が広まり、最後の窯焼きには組合員全員が参加してくれたのは嬉しかった。

では、２０１４年から始まった修復はどのように進められたのか、その経過を記しておこう。

文化財の修復にはいろいろと制約があり、全体の70％を超える修理はできないことになっている。そこで先ず、特に修理が必要な個所の確認を念入りに行うことになった。

窯は何年も前から3分の2以上の袋は火が通っていないため、煤がたまっている状態だった。この煤を除くため、元所有者が最後に窯焼きをするときに、実行委員会で上の袋の煤飛ばしをする窯焼きをした。その後、覆い屋根の撤去と新しい屋根の設置を、入札で地元工務店にお願いした。そして出来るだけ元の姿に近づけるために、柱は栗材、屋根は杉の板張りにしてもらった。

我々は窯元やサポーターの協力で、窯を築くブロック（マクラという）を土工場で4回にわたり約２０００個を作った。同時に間伐材の松薪を県から提供していただき、約３０００束の薪を確保した。

こうしていよいよ窯の解体である。3回にわけて解体していったが、当初の目視と違って壊していくにしたがって修理箇所が増えていった。しかし、それもほぼ想定内だった。解体によって出た残土は、リサイクル業を営む私の友人が、格安で処分してくれたのはありがたかった。

解体作業のあと、２０１５年7月から延べ二カ月にわたって修理が始まった。

各修理箇所を窯元、推進委員会のメンバー、サポーターの皆さんとで手分けして直していった。火床と言われる一番下の焚き口は、これまで何回も修理されて形状が変わっていたが、ほぼ昔の形に戻せたと思う。

窯はマクラをアーチ状に積んでいくのである。内側は隙間がないように積み、外側は焼いた陶片を差し入れていく。こうすることでより強度が増すのである。マクラ作りも昔は庭に土を円形状に置いて水を混ぜながら足で踏んで練った土を木枠に入れて作ったものだが、今は土練機に土を通して作る。この方が土がより締まり丈夫なマクラを作ることができる。

また、マクラの上に外塗といわれる土の化粧をほどこす。これは土に10㎝ほどに裁断した藁を混ぜている。いわゆる壁土である。藁を入れることによりヒビ割れを防ぐ効果がある。この土は壁土業者に発注した。なお、火先の「蜂の巣」と呼ばれる所は、私が中心になって造った。

登窯構造模型（陶の郷）

アーチ道具づくり

窯修復・内塗り作業

窯に入れる作品は、お世話になった方々に記念品としてお渡しする左馬（縁起物とされる）の湯呑を組合員窯元が約３０００個作った。また、窯の修復や周辺整備だけでなく、今後の修理のためにもと多くの皆さんから寄付をいただいていたので、そのお礼の作品も皆で作成した。九袋すべてに作品を入れるために、小中高校生や大学生をはじめ、ボランティアグループ、サポーターの皆さん、そして修復に合わせて開催された六古窯関係者など約７００人が作った作品は約３９００点にもなったが、それらもすべて窯に入ったのである。

思いどおりにいかないからこそ、窯焼きは面白い

２０１５年11月21日、いよいよ一連の事業の本番、窯焼きの日を迎えた。今田小学校児童による「火おこし神事」から窯焼きのセレモニーがスタートした。火を提灯に移し窯場まで道中行列をして、待ち受ける知事、衆議院議員、市長、理事長に渡され窯に火が入った。火入れ式の少し前に、国指定重要民俗文化財の伊勢大神楽の森本忠太夫組による祈祷を受けた（陶芸美術館に場所を移した後、曲芸を披露していただいた）。

火入れ式の後、来賓や参加者約５００名のうち多くの方が記念の薪入れを行なった。窯焼きは当初の予定よりも延びて四日間におよんだ。

一週間後、待ちに待った窯出しである。この日も多くの方が見学に訪れて窯から次々と出てくる作品に見入っていた。全ての作品を出し終わっていろいろと評価していったが、全体的には上出来だったものの、私の焼いた所はサメ傷が多くて失敗だった。

窯焼きは冒険だと思う。窯焼きと言われるように、まず窯を焼かなければならない。大修理の最初の窯焼きは想像以上の作品になるか失敗に終わるかの賭けのところがある。何回も焼いてその窯の特性がわかるのである。何回焼いても満足のできる作品はないと思うが、だからこそ窯焼きは面白い。次は上手に焼こうという思いがあるから続けていけるのだと思う。

なお、焼き上った作品は、陶芸美術館などでの展示を経て、お世話になった多くの方々に記念品としてお渡しした。

ハチノス修復作業(大上巧)

窯修復・上塗り作業

窯入れ前の作品

ユネスコ創造都市ネットワークに加盟

窯の修復をきっかけとして市は六古窯サミットを開催して種々のイベントを行なった。それが日本遺産六古窯、ユネスコ創造都市ネットワーク加盟につながっていったことは嬉しい限りである。また、陶芸美術館は開館十周年記念事業と銘打って一年間にわたり丹波焼を中心に、内容を変えながら作品展示を行なった。

そして今、最古の登窯の窯焼きは「春ものがたり」のメインイベントとして引き継がれている。窯元はこれからも多くの人達に窯焼きの魅力を体験してもらって、先人が大事に守ってきた築窯技術や窯の火を絶やすことなく、後世に伝えていくことを使命として頑張ってほしいと思う。今回の修復によって、私はその思いと願いをいっそう強くしたのだった。

参考資料
広報「こんだ」　１９９４年９月発行
丹波立杭登窯保存修理記録　２０１６年３月発行

海上破船ナク米穀一粒モ失ワズ

本州横断水運を考えた男—岡村善八

大木辰史

おおぎ　たつし
加古川舟運北限の船着場、本郷に生まれる。

兵庫教育大学大学院史学系修了。

公立学校教育職を経て、市史編纂専門委員、兵庫県文化財保護指導委員など。

著書に『伝統と文化』（共著）、『丹波三田の百年』（共著）、『翼賛選挙下の政治構造』、『丹波史』に『明治「徴兵」事始め』など論文多数。

天満老松町にある廻船問屋岡村屋といえば、商人《あきんど》の町大坂でも屈指の大店《おおだな》である。岡村屋の船は、夏に遠く蝦夷地、出羽、越後の各地で産物を仕入れ、西に向かう日本海沿いの寄港地でも商売を重ね、下関を回ってから瀬戸内を東進し、初冬の頃、大坂に着船する。北国の昆布、数の子、にしん、越後米らは師走の大坂で引っ張りだこになり、高値で取引された。この北前船は「一船三千両」ともいわれる莫大な儲けを岡村屋にもたらした。

主《あるじ》の善八は、還暦も近い年だが、船乗りで鍛えた度胸と体力を武器に、幾度も蝦夷地、出羽に航海して成功し、ついに一代で大店の主となった強運の持ち主である。産物の目利きの確かさから、名うての商売上手と評判も高い。花街に頻繁に出入りし、派手に遊んで大金をばらまき、浮き名を流したことも数知れず。

ところが、このところ三年はさっぱり顔を見せず、ご無沙汰ばかりと、大いに花街の店主を嘆かせていた。

①水運ルート

その善八が、大坂西町奉行所に「たいそうな願書《ねがいしょ》」を差し出したと、問屋仲間に知れ始めたのが、宝永七年（一七一〇）の師走である。問屋仲間たちは寄るとさわるとこの噂で持ちきりになった。

「何でも丹後の栗田《くんだ》港から由良川の船で福知山に荷を揚げ、陸送して、丹波からは加古川を船で下って高砂に荷を運ぶらしい」

「その工事に岡村屋は身代《しんだい》をかける気になっている」

「いったいいくらお金がかかるんや、とても出来ん話や」

＊　＊　＊

善八が恐れながらと奉行に差し上げたのが「近道川舟往来之儀《ちかみちかわぶねおうらいのぎ》」である。

一、丹後宮津領栗田湊《みなと》より播州高砂湊まで、（由良川加古川の）川筋《かわすじ》二十六里《り》（一里は約四㎞）あります。この内二十二里にはすでに川船の行き来があります。残り四里の内二里半を川浚《かわざら》えして、（加古川の）船路を延長します。一里半は山道を改良した上で陸送します。そうすれば丹後から大坂まで安心して往来《おうらい》できます。

一、丹後栗田から大坂まで、海路西回りで三百二十里あり、途中難所も多く、破船や米穀諸荷物が海中に没することもあり、たびたび人命も失っています。

川船での往来ができれば、海上の気遣いもなく、六日七日で大坂に荷物が着きます。百姓衆のお年貢売払いにも便利になります。また川筋の村々の船頭《せんどう》、綱引《つなひき》、車力《しゃりき》、人足《にんそく》、馬持《うまもち》、諸商人までたくさん仕事が生まれ、生活の糧が増えます。
一、川浚え工事で古田新田を潰すことはありません。
一、(穴《あな》のうら峠では) 新道に付け替えではなく、元の細い山道を改良し、牛馬が通れるよう広げます。
一、川筋の村々の井堰《いせき》、用水についても古くからの規定を順守します。
一、先規来の川船運送権は、いっさい変わりありません。
私共は峠道を改良し、船路を延長したことによって生まれる新規の米穀諸荷物を扱います。
一、(川船の往来権を与えて下さるならば) 毎年御年貢として白銀千枚上納いたします。
但し十五石《こく》積みから二十石積みまでの高瀬舟五百艘《そう》の建造をお許し下さい。一艘につき白銀二枚分で上納いたします。

右の趣意、御慈悲をもってお聞き届け下さりますようお願い申し上げます。(工事等) 私に御命じ下されば有り難く存じます。

天満老松町　　願人　岡村善八

宝永七年寅ノ十一月二十五日

御奉行様

＊　　＊　　＊

三年前にさかのぼる。

岡村屋の持ち船幸進丸は出羽国山形で紅花《べにばな》、酒田で米、大豆を買い付け、荷を満載にして酒田から帆をあげた。

追い風を受けて順調に進み、六日後には若狭国小浜に入港、買い付けの重責を負った善八の二男弥兵衛、三男善三郎もほっと一息ついた。ただ、まだまだ残りの海路は長い。晩秋の外海《そとうみ》はひとたび荒れ狂うと、手が付けられなくなる。板子一枚下は地獄といわれる由縁だ。

風待ちを数日後、順風、天気良好、と判断した幸進丸は帆をいっぱいに張って港を出、外海を西進した。

ところが丹後半島伊根の沖合で、予期せぬ北からの大嵐に遭遇し、操舵に手を尽くしたが、危機状況に陥り、乗員は髷《まげ》の元《もと》結《ゆい》を切って、八百万《やおよろず》の神々へ祈り続けたが、帆柱は折れ、甲板は大破して、船荷の大半は流れた。

二日間漂流した幸進丸が丹後栗田《くんだ》浜に流れ着いた時、十五人の乗員は三人になっていた。二男弥兵衛、三男善三郎の姿はなかった。

栗田の村役人は事の子細を大坂天満老松町岡村屋へ早飛脚、知らせを受けた岡村屋は大騒ぎとなり、善八が出張で滞在して

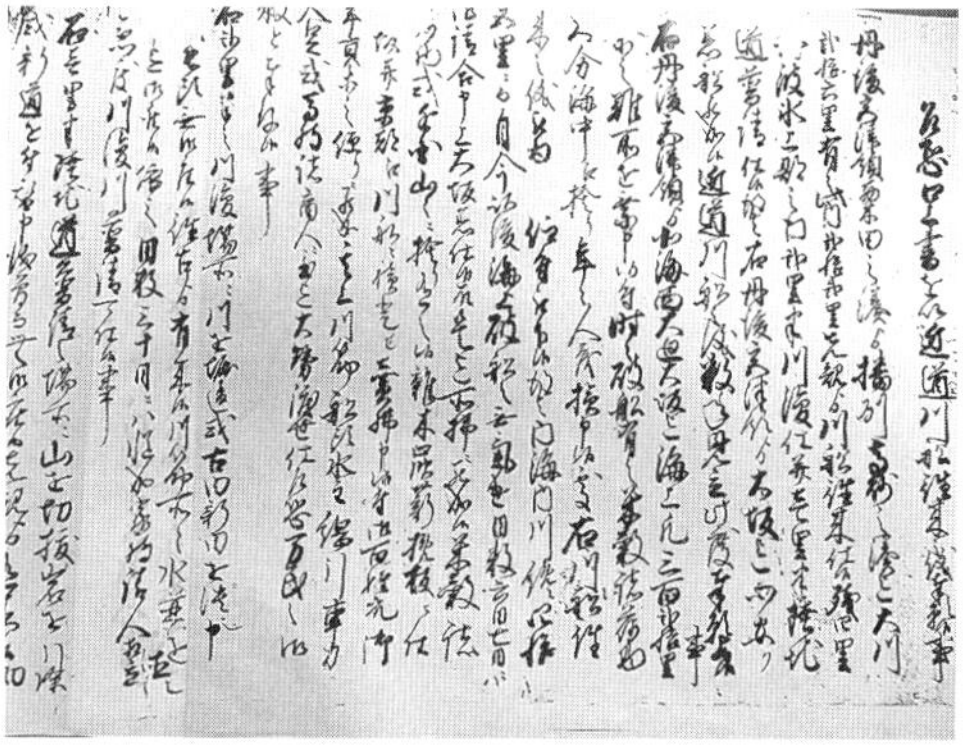

②1710年近道川船往来之儀

いる播磨高砂の廻船問屋大前屋へと、早船を仕立てて知らせた。

＊　＊　＊

漂着から七日後、幸進丸の遭難を知った善八は、青ざめ、腰から崩れ落ちた。一刻《いっこく》ばかりは声も出なかったが、やがて、「海難事故は後始末こそ一大事、廻船問屋岡村屋の真価が問われる」と気を取り直した。持ち合わせの金銀、さらに大前屋からも借用したうえで、旅支度をはじめた。お供《とも》は三人、他に道中記録のため絵師も加えた。一日一刻も早く丹後栗田に着きたいが、およそ陸路四十里、どの道が良いか思案が定まらぬ。

播磨北条へと北上のうえ丹波道たどるか……、いや西国道を戻り、須磨から裏六甲をへて三田から北上するか……。

そこへ大前屋が「川船をおつかいなさるが良いでしょう、この高砂には上流の滝野から荷物船がたくさん下ってきています。その戻り船を乗り継げば、船は丹波まで上ります。丹波から福知山へ行けば、由良川の船です。滝野の船頭には私から話をつけておきます」。

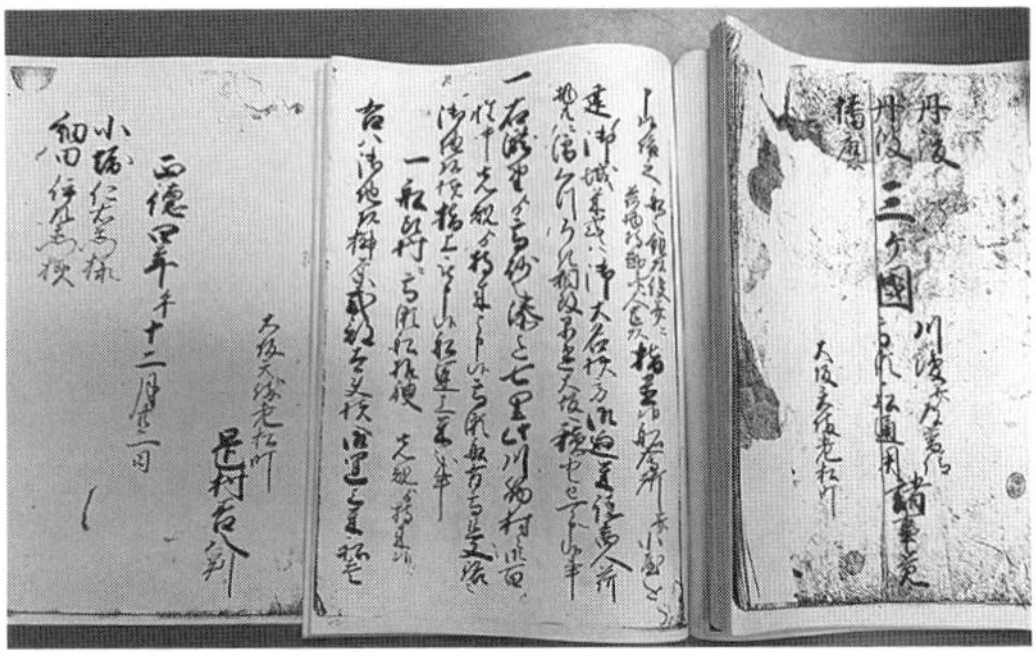

③1714年三ケ国諸事願

善八は、大前屋の配慮に何度も頭を下げ感謝した。翌朝、底の浅い高瀬舟に乗り込んだ。普段は三十石の米を積むため、造りはしっかりしている。船のりは三人、船頭は舳先《へさき》におり、残り二人は櫓《ろ》や櫂《かい》を巧みに操る。この日は風の具合が良くむしろの帆もつかった。上りの急な難所では、二人は櫓や櫂を脇に置き、岸の船道から綱《つな》を引いた。安取河岸《かし》まで着くと陽が落ちたので、船を降り夜道を滝野まで歩く。滝野大庄屋阿江《あえ》家を訪ね、大前屋からの添え状とともに事情を話すと、委細了解と、宿を提供し、翌朝の船も手配してくれた。阿江家は加古川舟運の開拓者与助を先祖に持ち、北播磨一帯の舟運《しゅううん》に隠然たる支配力を持つ。

滝野からは播州田高《たこう》までの戻り船に乗り、田高からは丹波本郷までの船にと乗り継いだ。本郷には、高砂に下る川船の最も上流の河岸《かし》がある。船着き場には問屋が軒を連ね、幾棟もの荷蔵が建ち、丹波の山奥とは思えぬ活気がある。ここで宿を求め、ひとときの休息をとる。

年も重ねた善八にとって、高砂から船での移動はありがたかった。体も疲労せず、何より早かった。

加古川は上流部でも豊富な水量がある。遡航にも適したゆるやかな流れだ。この地の山は低く、盆地は開けている。

翌日早立ちした善八らは平坦な道を石生《いそう》水分《みわか》れに達する。この地で雨水は

④明治の栗田周辺

瀬戸内へと、日本海へと流れを分ける、平地にある低い分水界だ。

福知山からは、由良川を下る船で丹後栗田へと入った。

＊　＊　＊

丹後栗田浜の片隅に、半壊した幸進丸が引き上げられて、無残な姿をさらしている。残り荷の盗難を防ぐため、村役人が「荷封じ」をしており、浜の屈強な若者が立ち番をしている。

ここから善八は手際よく動く、栗田の村役人にお詫びした後、かかった費用をまとめてもらうよう依頼、難を逃れた三人から事情を聞き、幸進丸の荷物と船体を検分した。水濡れしない米もあったが、すべてを難船処理にあたってくれた村民に分配、船は解体し、船材は壁板に使ってもらうようにした。浜風が強い地域では、分厚い船板は重宝されていた。さらに地元の寺で遭難者の法要を盛大に営み、供養金を納め、村役人からの諸費用一覧に対して、かなり多めに支払った。「さすが大坂の岡村屋」と浜では賞賛の声が満ちた。

⑤栗田から日本海を見る

⑥由良川の河口

一月《ひとつき》の逗留《とうりゅう》で後始末を終えた善八だが、空しさに満ちていた。遭難時に十五人が切った髷《まげ》の元結《もとゆい》だけが、水夫の腹帯に入っていて、残された。「廻船問屋は三代続かぬ」と聞く、難船で破産した問屋は数知れず、いやいや冬の北前船で命を落とした船乗りは数百、数千になろう。暗澹たる気持ちで大坂への道を歩んだ。

＊　＊　＊

天満老松町に戻った善八は、ひげも剃らず、髷も整えず、周囲の者が心配するほど憔悴していた。長男が商売熱心で、店の屋台骨を支えているとはいえ、さすがに問屋仲間から「岡村屋もこれまでか」と噂されるようになった。

半年が過ぎ春の芽吹きを迎える頃、善八は旅日記を読み直し、記録絵図を眺め、旅した川筋、道筋を頭に浮かべるようになった。播州高砂から丹後栗田《くんだ》まで急峻な峠などない、この地形をうまく活かせるのではないか。加古川、由良川にはそれぞれ船の往来がある。

さらに地理書を買い求め、町人学者の意見も聞き、頻繁に加古川筋、由良川筋の村役人を訪ねるようになった。問屋仲間からも『岡村屋の学者かぶれ』と呆れられた。そして遭難事故から三年後、心血注いで書き上げたのが「近道川舟往来之儀」だった。

＊　＊　＊

しかしこの丹後と播磨を結ぶ本州横断の大事業は簡単には進まない。何度も何度も奉行所に経過をお尋ねするが、何の返答もなかった。「却下」で訴状差し戻しではないことだけが、まだ一縷の希望だった。一年も過ぎたころ、奉行所吟味方与力《ぎんみかたよりき》から、さらに詳細な見積書を提出するように求められた。その上で、訴状のお願い先は、小堀仁右衛門様、細田伊左衛門様へと告げられた。

小堀は京都代官として丹波を、細田は大坂代官として播磨を管轄にしていた。代官所とは、幕府領の年貢収納をはじめとして、河川や道路など広く民政全般を受け持つ実務型の役所である。

善八は、願いが少しずつ前に進もうとする気配に小躍りした。願書を出してからも、計算を続けてきた詳細な見積もりをまとめ、袋綴じした和紙十六枚に思いの丈を書き上げ、正徳四年（一七一四）十二月二十二日付けで提出した。

丹後　川浚並道普請
丹波　三ヶ国　諸事願
播磨　高瀬船通用

最初に現況を記した上で、新しい水運計画の有益性と将来性を随所で強調し、さらに各区間での具体的な工費を書き上げた。

宮津藩領より外海を大廻りなら、その年の新米も翌年五月六月にならなければ大坂につきませんでした。この計画の通り川船をつかって運べば、海上破船の気遣いなく、米穀一粒も失うことがありません。そして五日六日で大坂に着きます。

加古川舟運の北限を二里半上流に延長します。

そのため川浚えをして川普請で船が遡上できるようにします。見積もりは、川筋一里につき五百人がかり、総人足数で一千二百五十人。人足一人の日当は銀二匁《もんめ》五分《ぶ》。

由良川の支流（枝川）も川浚えして、船の運航ができるようにします。こちらの総人足数は五百人

⑦あなのうら旧道

⑧加古川上流の川船

⑨本郷の船着場跡と灯籠

です。日当銀二匁五分。

特に陸路下榎原から東芦田までの穴のうら峠越えの一里半は、細い山道なので牛馬の荷物運送ができるよう道普請をします。

山の峯付近で四千坪ばかりを切り落とし、その土をつかって道に引きならし、道幅を広げます。山道の一方に土手を築き並木を植え、牛馬の往来に危険が無いようにします。平地の道普請も含めて、これら全ての道普請の総人足数は一万三千七百人、人足一人の日当銀二匁五分。

これらの工事は、着工から五カ月で完成を目指します。


「川浚え（船路延長）に人夫千七百五十人、道普請（道路改良拡幅）に人夫一万三千七百人、道具代、諸費用、合計銀五十貫百二十五匁」の見積もりを出した。これを岡村屋が背負うというのである。

＊　　＊　　＊

これを受けて代官所は由良川、加古川筋の村々に、岡村屋の計画に対しての意見を聞いた。翌正徳五年から続々と意見が上がってきた。

由良川筋の庄屋六人、大庄屋三人が連名で口上書をだしてきた。

恐れながら申し上げます

このたび大坂の岡村善八という方が丹後栗田から播州高砂までの川船通行をお願いしている件につき、川筋の村々にとり差し障りがあるか否かをお尋ねの儀でございますが、田辺藩領由良湊から夏間村まで川筋の村々がよく吟味した上で書き付けを差し上げます。

一、（由良川を）遡上する川船が多くなると、引き船のために河川敷の綱道《つなみち》を広げなくてはなりません。そうすると田畑に支障が出ます。

一、川端には竹藪、養蚕のため桑の木を植えています。引き船のためこれらを伐採すると、百姓の生活が困ります。

一、（船を遡上させるため）船引き人足を差し出すようなことになれば、田畑の耕作にとって困ります。

一、古来より（由良川では）秋の彼岸からは、鮭を取る簗《やな》を仕掛けています。簗が停止になれば、村人は生活の足しに困ります。

一、船会所米荷物蔵など多く建てる空き地はありません。

一、岡村善八とは大庄屋宅にて対談し、この計画には右の通りの支障があると伝えています。

丹後田辺庄屋　大庄屋連名

正徳五年（一七一五）乙未六月

小堀仁右衛門様
細田伊左衛門様　御役人中様

由良川筋の村々の反対は、米穀諸荷物を満載した船が由良川を遡《さかのぼ》るとなると、動力として当然引き船人足が必要になってくる。御公儀の年貢米ともなると頻繁な無償奉仕が求められることへの警戒感があった。

加古川筋の反応も複雑だった。「岩石を切開け、難瀬を川浚えして通船を可能にした」開発者の後裔《こうえい》阿江《あえ》家には滝野船座の元締《もとじめ》として、運上銀を上納する義務の一方で、滝野を通行する船荷から通行料（五分一銀）の徴収が認められていた。さらに上流の田高船座では、船座の運営権が入札請負制となり、大坂の大商人も参入していた。宝永五年（一七〇八）からは大坂天満の藤屋利左衛門が銀十二貫三〇〇匁で落札し、宝永七年からは大坂堂島の大黒屋源兵衛が金一五五両一分で落札し、運営を続けていた。

これら船座や船持ちなど舟運《しゅううん》の権利者からは、既得権益の保障を求められるのは当然の成り行きだった。善八が願書でたびたび「私共が扱うのは開発によって生まれる新荷物だけです」としているのは、既得権者からの反発で、事業が進まないことを恐れたためだった。

善八は由良川筋で反対の口上書を出した村々を訪ね、庄屋や百姓に相対して言い分を聞いたうえで、詳しく説明し、説得して回った。「田畑はけっして損じない、川船に関わる仕事が増え、村は豊かになる」。

播磨小野では、農業に支障がでる、船の増加が井堰の破損につながるなどと反対する村々に対して、「万一井堰や簗を損じた場合はすべて補償し、修理します」との約定証文を入れた。

この計画は幕府領、旗本領、諸藩領が複雑に入り込む支配構造、従来の舟運利権もからみ、動きだすかに見えると、また止まり、遅々として進まない。

享保五年（一七二〇）には、代官所役人の野村時右衛門、小林平六が上使として加古川筋を見分した。この時再度、村々の意向を尋ねている。

善八は、その後も数知れず代官所、奉行所に出頭してお願いを続けた。川筋に領地を持つ各大名家にも絵図面を携え説明に回りつづけた。白髪痩躯《そうく》となりながら丹後丹波播磨の村々の庄屋、百姓、船持ち、船頭、水夫を訪ね回り「本州横断水運の有益性と将来」を説き続けた。そして十年の歳月が過ぎた。

善八は、その志半ば、播磨の旅先で急死した。幸進丸遭難から十八年、最初の願書提出から十五年目のことだった。

⑩高砂の廻船問屋工楽家（改修前）

⑪高砂三連蔵

岡村屋はその翌年破産して、店を閉じた。

＊　＊　＊

「海上破船なく米穀一粒失うことなく五日六日で安心して大坂に着《つき》仕《つかまつり》候《そうろう》事《こと》」善八が考え抜いた本州横断水運ルートは、その後も江戸時代を通じてたびたび出訴があり、明治になると帝国議会でも取り上げられたが、実現はしなかった。

しかし現在明石と舞鶴を結ぶ国道一七五号線は、陸路と水運の違いを別にすれば、善八のルートと重なる箇所が多い。瀬戸内と日本海を結ぶ加古川由良川の低地帯は、近年では「氷上回廊」ともいわれ人・物の交流の歴史が注目され始めている。

岡村善八の着眼力は、三百年を経ても色あせない。

人生は65から面白くなる

小野田　隆

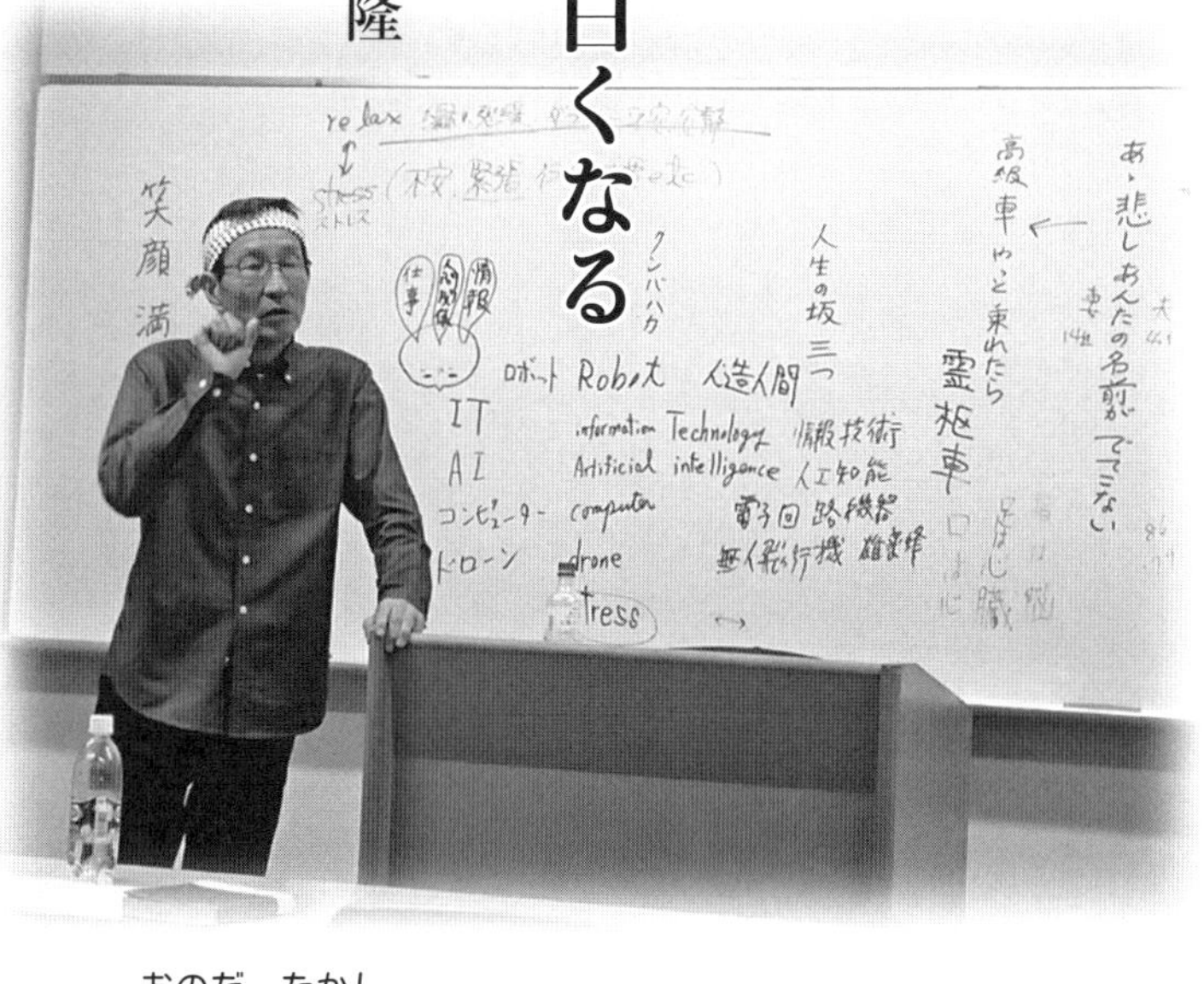

おのだ　たかし
岡山県瀬戸内市邑久町生まれ　団塊生まれ
広島大学卒　元近畿大学講師（社会学）、「老成学」講師
介護支援専門員　認知症ケア指導管理士、
整体師　ラフターヨガ修行中

愛と労働で今も生きている

何かしよう
何とかしよう
愛の熱量で働こうと生きてきた
生きてきた
60才も過ぎて古希まで生きている
モーレツ社員で勤務し、官庁に勤め、教師になり、
会社員で過労働し、大学講師もした。物販も、タクシーにも乗った、
マルチ商法も、生保販売もした。
介護は時代だ、「労働力不足だ」の声に押され
今や介護で労働をしている。
何かしようと生きた日々だった。
生きている、息をしている
明日も何かしようと生きている。
ストレスをかかえながらも
適当にストレスを解消し
愛と労働で生きている、この風土で生きている
何だったのか自分の人生は？

今は生命の強弱力を感じる高齢者だ
あの世には生活はあるのかな
時は令和　あの世に行く準備良し

ストレスに弱い日本人の国民性

私は生粋の日本人であるが、英語を駆使して仕事することも多かったせいか、たぶんにアメリカナイズしたおっさんかもしれない。それでも日本人らしいストレスは人並みに抱えている。

「面白くない世を面白く、人生は65から面白くなる」ということで、高齢社会を楽しく暮らす「老成学」講師などもしながら、愛と労働で生きている。そんな日常の中で最近つくづく思うのは、日本人はなぜこんにストレスに弱いのか、ということだ。

海に守られた島国という風土と単一民族によってストレスに弱い日本人の国民性が形成された。現代社会に多い引きこもりや自殺はストレスからきている。

はたしてストレスに弱いのは日本人の国民性なのだろうか？

「勤労・納税・教育」を国民の三大義務にする国は日本だけだ。これに誰も異議を唱えない。特に二百数十年続いた徳川幕府の封建制度は、鎖国政策で、「耐える国民性」を助長させた。耐えることで平和が維持された。耐えることが現代人のストレスに続いている。江戸時代からの風土で形成された国民性である。

周りをはばかる生き方は、ストレスを生み続けてきた。そのストレスがうつ病、引きこもり、自殺を招く現代に通じている。耐えすぎてストレスから引きこもりが起きてきた。現在、生産年齢の62万人が引きこもる日本人である。

いつの時代も人間関係をつくるのは難しい。広く世界や世間を知らない人たち、人間関係をうまくつくれない人たちの現象が引きこもりである。引きこもりは甘えの構造の一環ともいわれる。

日本はなぜ「甘え」が蔓延するのか。『甘えの構造』（精神科医・土居建郎著　１９７１年）によると、甘えは日本人の心理と日本社会の構造を知るための重要なキーワードである。

「甘え」の外国語は少ないし、同意味の言葉はあまりない。「甘え」とは周りの人に好かれて依存して生活できることで、日本人特有な感情だと定義されている。

甘えは子供が親に求める感情であり、他人との関係も親子関係のような親密さを求める社会であると述べている。

社会での人間関係も、親子関係のようにしたいとの日本人の希望でもある。周りの目を気にするあまりに、ストレス処理ができずに引きこもってしまう。価値観の均一化についていけない。周りにうまく合わせられないことが引きこもり・うつ病の原因になっている。

甘えと忍耐の二重構造

日本人の心性・人間関係の基本は「他人依存的自分」「受け身的愛情希求」であり、非論理的、閉鎖的な心理を表すともいわれる。明治時代以降に近代的、西欧的自我の欠如との見方もある。

イスラムのコーランには、「目には目を！　歯には歯を！」なる教えがある。目をつぶされたら目をつぶし返す、歯を抜かれたら歯を抜き返す。すなわち平等な形で仇討しなさいということである。

しかし日本人は目には目をではなくて、目には死を与えてしまう。極端に走る自爆傾向が歴史を作ってきた。恥をかかされたら、自爆覚悟の暗殺で相手の生命を奪ってしまう。目を潰すだけでは終わらない。ストレスに耐えきれないときに、目には死をという日本人気質が、この風土で培われてきたのだ。

ジーと我慢して耐えるうちはストレスだといえるが、耐えきれなくなると爆発する。

江戸時代からの歴史で日本人の性格が形成され、周りの目ばかり気にしてしたいことも出来ずジーと我慢する、ストレスをためやすい国民になってきたのではなかろうか。

「長い物には巻かれろ、我慢しなさい、忘れよう、お上には逆らわない」という国民性が培われて「ストレス」を適当に発散できなくなってしまった。日本の領土が占領されてもジーと我慢する。海外から国際的に人道援助せよと言われると、莫大な献金をすることで、ジーと我慢してきた。日本人が外国に拉致されても、米国に取り戻しを依頼するような耐えるストレス社会である。

しかし我慢の限界が来ると、赤穂浪士の吉良邸討ち入りとなり、国民一致団結玉砕で太平洋戦争になったのである。ストレスに耐えられなくなると極端に走るのも日本人である。甘えと忍耐の二重構造がストレスを生んでいる。

『菊と刀』は、第二次大戦にアメリカの社会学者ルースベネディクト女史が、日本人の精神構造を分析した名著であり、「恥の文化」「精神主義」などで、日本攻撃の米国軍の指針にもなった書物である。

日本人は周りから、世間から仲間外れにされることの恐怖心が、自発的な行動を阻止していると分析する。一緒なら行動できるし、一緒にＫａｍｉｋａｚｅ神風になることもできる。行動様式、生活習慣は日本人固有のものである。この生活習慣が、伝統的な道徳的観念の義理・人情とか恩義になり、それがうまく返せないと世間知らず・恥知らずな奴と言われたりする。恥をかかずに体面を保つのを最優先とする国民性が、歴史と風土から熟成された。

ストレス（歪み）が日本の風土・文化・技術を熟成させた

日本人は、甘えによる対人恐怖症とか人間関係からの引きこもりが多い。

62万人に達した引きこもりの原因は、江戸時代から培われてきた国民性のストレスが原因といわれる。現代はまさにストレス社会と言われるが、何かというとすぐストレスで片付ける。医者は、生活習慣病というわけのわからない病名をつけて、「これもストレスが原因ですね」とすぐ納得する。

ストレスの和訳は、「苦痛や苦悩からくる圧力を感じる事」である。

アメリカの教育方針は、子供を早く精神的に自立させること、引きこもりはほとんど肥満児になるので、本人も嫌がって外出するようになるので引きこもりは少ない。

離婚が多いのと、夫婦の教育方針が異なることで、子供時代から自立を中心としている。引きこもると、アメリカではうつ病とか精神不安症で病気とみなす。アメリカの中高年では甘えでの引きこもりはほとんどない。引きこもりよりホームレスになる人が多い。

ストレスは、「不安、緊張、重圧、圧迫、歪み《ひず》」などで心身に圧力がかかる緊張状態のことで、元々は引っ張るという意味であった。緊張のストレスがひどくなると、うつ病、食欲低下、摂食障害、集中力低下、睡眠障害、燃え尽き症候、病気、自殺に発展する。頭の中は、仕事と人間関係と情報などで一杯で、爆発寸前の我々である。

この図のように、頭の中が人間関係と仕事と情報が多すぎるのが、ストレスの原因となる。

世界の暖かい南国では、外出すれば周りに動物もいるし、あまり人の手をかけずに育つ果物も豊富にあるから食うに困らないし、陽気で呑気者が多い。ストレスも少ない。自殺者も引きこもりも少ない。

世界の北国では、寒いので家の中に引きこもる時間が多い。しかしそこで色々な発明や発見が成される。家の中に長い間引きこもることはストレスをためやすいが、物事を深く考える人達、何かを研究する人にとっては、引きこもって集中・熟考するので多くの発明が成されてきた。日本の冬も寒いから、引きこもって研究する人にはよい。発明・発見は、よい意味で引き込まらないと生まれないのだ。一点集中する一流の研究者にストレスは無縁だ。

中高年の引きこもりが62万人！

ストレスをなくすと生き返る人たちがいる。それは引きこもりとか自殺者、認知症患者と言われる人たちだ。

中高年の引きこもりが62万人、自殺者は2万人に達する。認知症に至っては、５００万人と言われる。何とももったいないことだ。日本の未来のため、世界のためにこの労働力を再使用しよう。

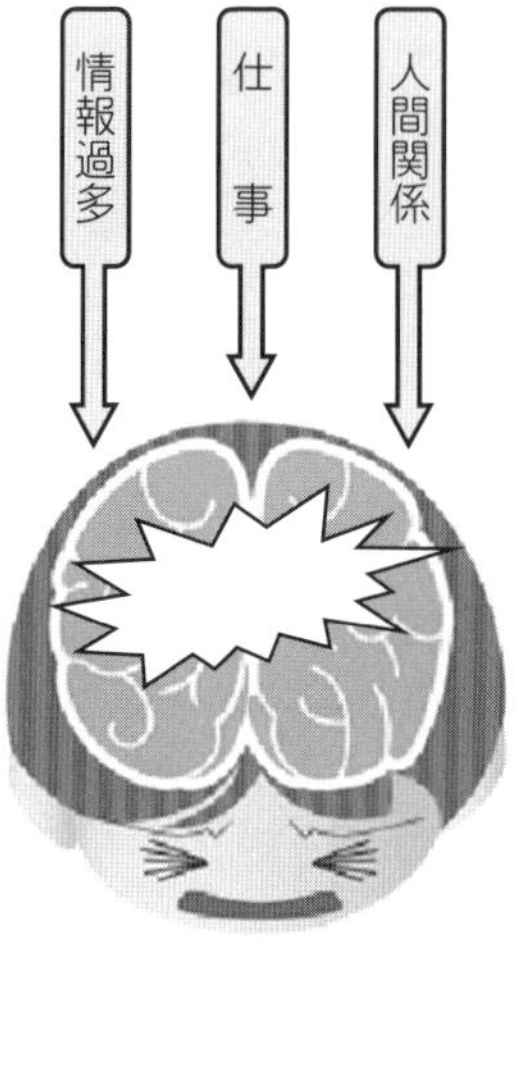

この人たちの労働力をうまく使えば、少子高齢化も乗り切れる。ストレスをなくせばちゃんとして働ける人たちでもある。

この人たちが労働力になれば、すなわち、彼らをストレスから脱却する方法さえあれば、海外からの毎年20〜30万人もの人材輸入をしなくて済む。日本語の人達で十分である。

「一笑一若」

ストレスからの脱却はどうすればいいかを述べてみたい。

一回笑うと一日若くなる。とにかく口角を上げて、おかしくなくても笑うことです。

赤ちゃんはよく笑いますね、笑ってみましょう。

世界中が、今、インド発祥の「ラフターヨガ」(笑うこととヨガの呼吸法)に取り組んでいます。ジブリッシュ言葉で話しながら、笑っています。

ほほははは! ほほははは! と笑いながら歩いています。

朝起床すると、ベッドで背伸びをします。次に鏡に向かって、「ハンサムおはよう」(女性はベッピンさんおはよう)と言いながら自分を凝視してから、目におはよう残像を残して離れます。とにかく赤ちゃん笑いをすることです。

とにかく笑うことです。馬鹿笑いでも何でも、アゴがはずれるほど笑うこと!

「ストレス対策体操」

①まず、一時的にも、頭の中のストレス、情報、人間関係、仕事を断ち切ってください。

頭蓋骨を架空の線で切ってください。両手でテグス線があるようにして頭を切ります。

②次に頭のてっぺんの天目を数秒間押さえてください。坊さんは天目に文鎮を置いて怒りを鎮めると言います。

③自分自身をストレスの反対の状態にもっていくことです。

ストレスの反対語から考えて、反対の状態にもっていきましょう。ストレスの反対語はリラックス、安心、弛緩《しかん》、平静、平安などです。この状態になればストレスは吹き飛びます。ストレスのない状態になります。心の平安を作ることです。

④は、ストレス対策身体運動です。

1．息を5秒吐いて、ゆっくり4秒で吸う。5回繰り返す。

2．両手を挙げて、おろしながらハハハと笑う。下丹田からの声でハハハ。連続して三回。

3．背中を伸ばして、イナバウアーする、琴奨菊バウアーで三回、背中をそらす。

4．両手を直角に広げて、肩甲骨を後ろでくっつける。一、二、三、四、五と号令でする。3回

5．両首筋、両脇のリンパを、伸ばし触って刺激する。四回上下にさする。

6．大きくあくびを三回する。

7．かかと落としを8回する。一、二、一、二と号令かけてする。

人間は栄養、運動、休息が大切です。

栄養補給は食事です。死ぬまで食べましょう。食事で元気をつけましょう。
1．食べる前に首を前後に6回曲げて、唾《つば》が出るかチェックしてから食事を始めてください。前に深く、後ろに浅く首を曲げて唾液チェックで誤嚥防止になります。

頭の輪切りとストレス解消運動で頑張りましょう。明日のために、頭で覚えるよりは体で覚えて、ストレスを乗り越え、明るい日本人を目指しましょう。

ストレス脱出して、明るい子孫を残しましょう。

「笑うと泣く」笑いそして泣くと、五感の喜怒哀楽が消える。一瞬でも、喜怒哀楽が消えるとストレスも消える瞬間です。


人生は65から面白くなる。面白くないと思っている人は努力が足りない！

令和の世も、笑顔満開で生きていきましょう。

大賀蓮《はす》Ⅱ

小野田　政子俳句

おのだ　まさこ
大正15年（昭和元年）11月生れ。
和裁、料理、俳画、ちぎり絵、手芸、山野草等を楽しむ
色紙：太古2000年前からの大賀ハス

この度、母がこれまでの俳句との旅路をまとめたいと希望しましたので、本書に投稿させていただきました。

夫を亡くし当時六十五歳という年齢で岡山で独居となり、これからどのように生きていくのか息子として心配しておりました。

そんな母が知人と吟行を始めたのが俳句入門のきっかけでした。

好奇心旺盛な母は、日常の感動や喜びを俳句と俳画に表現することで新たな生きる楽しみを見つけたようでした。

母が暮らす岡山県邑久郡邑久町尻海玉津村は今はさびれた過疎の村となっていますが、かつては瀬戸内の港町として花街、繁華街、魚市場、時には朝鮮からの通信使が来航することもあり栄えておりました。母が生まれた時から現在まで暮らすこの地で見聞きし、経験してきた一コマ一コマを思い出しながら俳句にし甦った風景も数多くあります。

今では母の俳句に私達も多くの事に気づかされ共に俳句を楽しむようになりました。

令和の時代もこれまでのように好奇心を持って健康に留意して母が俳句を読み続けてくれることを願っています。

息子・小野田　隆

夫の軍靴を捨てられず読んだ俳句はＮＨＫの句会に入選しました。

捨てきれず　夫の軍靴《ぐんか》　終戦日

外《そと》つ国の　孫に幸あれ　天の川

孫からの　妊《はら》みし便り　実南天

米国でのひ孫誕生の喜び。シカゴの孫の滋とアルマの初ひ孫誕生の喜びに際して

自宅裏庭の赤い南天の実に、ひ孫を例えた

石斛《せっこく》は　庭師の記念　今も咲く

我が家の庭師作の裏庭です

神域に　遊具もありて　風涼し

近くの江戸時代からの神田宮八幡神社で

飛脚便　届きし枇杷《びわ》を　すすりけり

明治時代からの飛脚便が村にもあり家は中継所、
母の幼少時

動かずに　じっと見なさい　大賀蓮《オオガハス》

息子に詠んだ句

天空に　ドローン撮影　花の城

岡山津山城千本桜を空中からみて（NHK平成30年入選「天」）

広々と　続く冬田も　誇りなり

郷里の広い千町《せんちょう》平野の親類の冬稲田をみて（NHK平成31年2月号入選句）

◆平成29年（2017）の句

コスモスの　乱れ咲きおり　留守の庭

足の骨折で3か月入院したとき

備前富士　郷土の誇り　秋高し

入院中の西大寺の病院の窓より

山頂の　椅子に一服　秋高

山頂で一休み

久方に　親子の食事　今年米

千町の安部さんの新米を

久方《きゅうかつ》の　友と出会う　文化祭

旧友との再会も　文化祭ならでは

タコ焼きの出店もありぬ　文化祭

めったに買わないタコ焼き

止むなき　ベッド暮らしや　氷菓食む

骨折して入院中に

昭和期の　掛け声高し　金魚売り

「きんぎょえー、　きんぎょうー」
懐かしいですね

梅雨晴れや　山艶《つや》やかに　天に佇《たたず》む

病室から　雨上がりの山々を見る

お手玉も　リハビリとなり　梅雨籠

骨折のリハビリで

羅《ら》をまとひ　参加の茶会かな

牛窓の旅館にて娘時代の茶会
羅は高級薄物です

籐椅子の主　待つごと　空き部屋に

骨折入院で自宅の部屋で主待つ籐椅子

ナンプレに　心機一転　夕涼み

ひいらぎ岡山句会

澄む水に　白鷺群るる　四国三郎

旅路の吉野川にて

御《ご》座《ざ》船《ふね》に　多《た》島《とう》美《び》　賞《め》づや　秋の航《こう》

牛窓沖の沢山の小島群を見て

天の川　仰ぐ心の　夢の国

ひいらぎ句会で想像の国をめざして

◆九州旅行で（俳句友五人と）

髪飾り　お澄まし顔の　七五三

七五三　男の子　袴に靴はけり

診察の　順番待つや　マスクして

住職の　ジャンバー姿　お茶くみに

凩《こがらし》や　老いの暮らしに　厳《きび》しかり

出来栄えの　大根干して　漬物に

近所の人からの大根を

染髪《そめがみ》を　止めてかかさず　冬帽子

あれこれと　師走の暮らし　慌ただし

コンビニの切手　間に合う　極月に

風邪予防　注射をするも　身の為と

縫いぐるみ　作る講座や　暮早し

育みし　水仙活けし　備前焼

水仙の　咲きて小庭《さにわ》の　要なり

厳寒の　川にざぶざぶ　和紙の里

岡山文化財の和紙の里にて

白菜の　紐《ひも》に括《くく》られ　列なせり

幡の岡崎の畑で

餅花を　飾る店舗に　土産買う

柳の枝先に餅をつける敷島堂にて

紅白の　梅ほころぶや　塀沿ひに

さわやかに　庭の要《かなめ》と　梅咲けり

連れ立ちて　梅見に行くも　楽しかり

神坂夫人と西大寺の神崎梅園にて

リハビリに　友と作りし　紙の雛

春眠に　慌てふためく　朝支度

摘み草の　土手の懐かし　昔かな

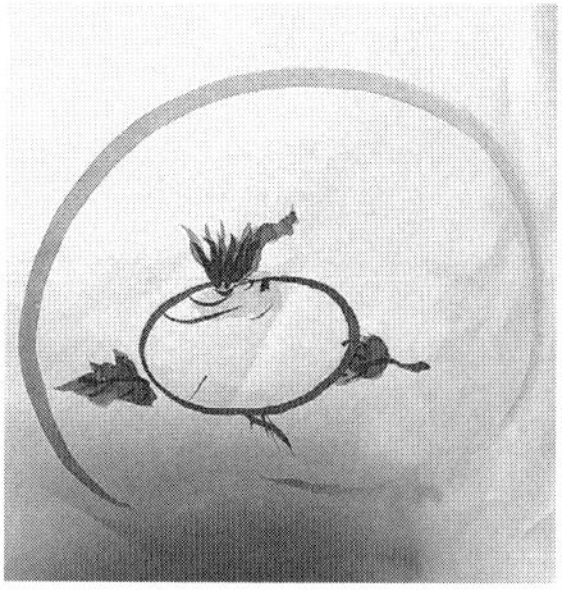

聖廟へ　一本道や　玉椿

県道を　すばやく横切る　初つばめ

育みし　辛夷《こぶし》咲きしと　絵手紙に

小学校恩師の時実先生の娘さんから

山法師　咲きて小庭の　花明かり

夏菊を　刺身に載せて　磯料理

娘夫婦と日生の料理屋

裏庭の　若葉の景を　生き輩に

いかづちの　深夜に響き　をののけり

輩ともがら

梅雨入りや　ついつまずきて　病床に

リハビリに　先ず立つ稽古《けいこ》　立《たち》葵《あおい》

エプロン取りにつまずいて骨折した

紫陽花は　寺のシンボル　色数多《あまた》

寝たままの　機械浴なり　髪洗う

枕辺に　友より届く　さくらんぼ

足骨折で入院中に

裏庭に　暦の通り　半夏生

真っ白な半夏生色

丑の日に　照り焼き鰻　有難し

病院の昼食で珍しく鰻です

廃校の　跡ペンションの　涼新《りょう》た

近くの小学校が廃校になりました

鳴《なる》神《かみ》の　神事もゆかし　初詣

方丈記
平家滅亡と天変地異

桐生敏明

きりう　としあき
2010年、政府刊行物サービスステーションを退職するまでは、「オーダーメイド出版」と称して、商業性がなくても伝える必要のある著作物を発掘し、少部数でも出版物として政府刊行物のルートで書店に流す仕事を展開していました。その間200本を超える作品を世の中に送り出しましたが、70歳を迎えた今は「編集工房ＤＥＰ」として、発作的に、好き勝手な本づくりに精を出しております。

はじめに

知人との雑談の中で、どんなきっかけで話し出したのか「方丈記」の冒頭部分を語りだした奴がいる。「ゆく河の流れは絶えずして、しかも、もとの水にあらず。淀みに浮かぶうたかたは、かつ消え、かつ結びて、久しくとどまりたるためしなし」という、あの名文句である。

しかし、後が続かない。試しに尋ねてみると、あの方丈記が、「平家物語」の時代を描いていることも、あの時代の天変地異の記録としての一面を持っていることも知らなかった。集まっている全員がそうだ。まさに書き出しの名文句だけが一人歩きしている感がある。

そこで今回は、「方丈記」の天変地異の記録としての面を取り上げてみたい。

まずは、この時代の天変地異の記録を列挙しておこう。

一、平家物語の頃の天変地異と飢饉

永万元年（一一六五）四月　近衛河原辺に異様な児が遺棄

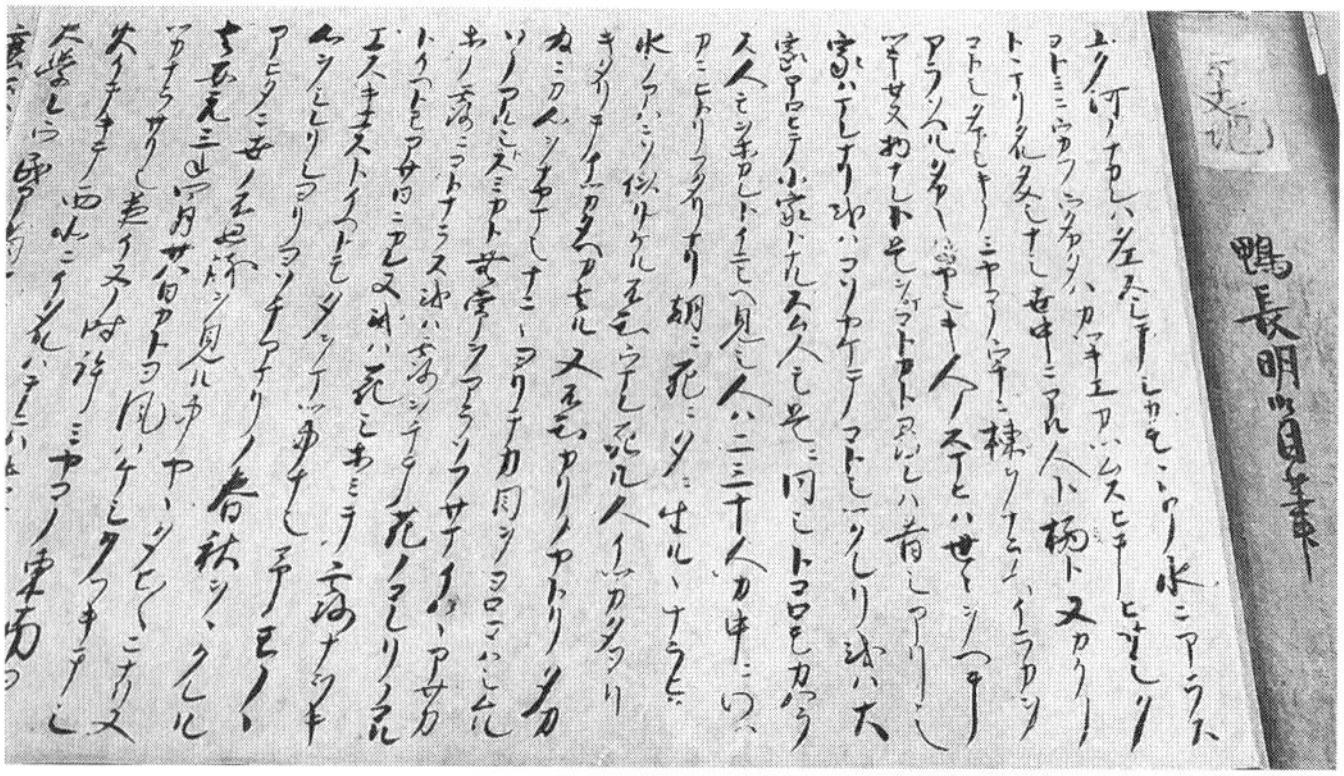

下鴨河合社社提供・鴨長明自筆『方丈記』

されていた。胸から上が二人の身体で、頭が二つ、手が四本、胸から下が一人の身体である。朝廷では諸道に命じ、和漢の例を調べさせる。

仁安三年（一一六八）二月十三日　京都の町家から出火し、たちまち燃え広がり、六角から冷泉朱雀一帯が焼失。被災戸数は三千を越えると言われる。

承安元年（一一七一）冬　京都で奇妙な病気が流行る。人々はそれを羊病と呼んだ。翌年になってからもいろいろな病が流行り、死ぬ人も多く、人々は六角堂や因幡堂に集まり病気を追い払う祈願をした。

承安二年（一一七二）五月　京都地方は長雨が続き、二十日には洪水が六波羅の人家を押し流した。

承安五年（一一七五）七月二十八日　疱瘡が流行し、諸国で苦しむ者多く、年号を安元元年と改める。

安元三年（一一七七）四月二十八日　京都、大火。大極殿をはじめ、内裏、八省の諸建物、関白はじめ公家の邸宅十四家、民家二万余家が焼失。死者数千人、焼けた牛馬は数知れず。これを太郎焼亡と呼ぶ。

下鴨河合社社提供・晩年の鴨長明

治承二年（一一七八）四月　京都、大火。左京の七条・八条あたりが灰燼に帰した。次郎焼亡と呼ぶ。

治承三年（一一七九）四月　奇妙な童歌はやる。内容は「五月一日から空から悪虫が降ってくる。日蝕を見ると命が縮む。三百年に一度の天変だよ」というもの。

治承四年（一一八〇）四月二十九日　京都、三条、四条辺りにつむじ風が起こり（治承の辻風）、多くの人家や樹木が転倒した。

また七条高倉辺りの人家には雷が落ち、白川方面では雹が降った。

・六月二日　福原遷都。炎天下に行なわれた。

夏から全国的に雨が降らず、その年の農作物はひどい旱魃のため、全く収穫なし。平家の勢力範囲であった西日本では、旱魃の影響で史上稀な酷い凶作となったが、源氏の本拠地である東日本では、「旱魃に不作なし」で、逆にこうした年にこそ豊作となった。源頼朝はまさに、この東の豊作、西の凶作を背景に平家打倒の兵を起こしたのである。そして、この戦乱によって、飢饉はさらに悪化していくことになる。

「石川や瀬見のをがはの清ければ月も流れを尋ねてぞ澄む」と鴨長明が歌った瀬見の小川も餓死者の遺骸の捨て場となった。

・八月十七日　源頼朝、挙兵。九月下旬、平維盛以下の遠征軍発向。
・十月七日　夜空に異常な物体が流れていったのが見られた。形は大きな皿状のもので、京都郊外の人が見たところでは、紀伊国山中方面から上がり、福原東北の山中へ飛んでいき、見えなくなってからも、その辺りは明るく輝いていたという。人々は天が裂けたのかと気持ち悪がった。
・十月二十日　富士川の合戦。平家、戦わずして敗走。
・十一月二十二日　平清盛、天皇に対し還都を正式に請い、許され、京都へ都を戻す。還都は寒風吹きすさぶ中行なわれ、その風のため多くの船が難破したという。
・年末　平重衡を将とする南都追討軍が派遣され、興福寺、東大寺が焼き打ちされ、おびただしい犠牲者が出た。

治承五年（一一八一）二月下旬　清盛が発病、閏二月四日に病死。この年七月四日に養和と改元される。

養和元年（一一八一）　この年兵乱、旱魃、天下は飢饉、疫病、餓死多し。昨年に始まった飢饉は、全国に広まり、京都市中でも餓死する者が続出し、道路にまで死体があふれ出した。

寿永元年（一一八二）　飢饉と戦乱の影響で、京都の町内から食物や安全を求めて抜け出す者が多く、無人の家も多くなって、壊したり売却されたりする人家が増えた。十月には検非違使庁から制止されたが、打ち壊しは止まなかったという。

寿永二年（一一八三）七月二十八日　平家の都落ち

元暦元年（一一八四）一月二十日　木曾義仲敗死。二月七日、一の谷の合戦。

文治元年（一一八五）三月二十四日　平家、壇ノ浦にて滅亡
文治元年（一一八五）七月九日　元暦の大地震。関東大震災クラスの地震と言われ、余震が三ヶ月程続いた。

ではまず、「安元の大火」を「方丈記」ではどう描写しているのかを見てみよう。

二、安元の大火

去る安元三年四月二十八日のことでしょうか。ひときわ風のはげしい夜、戌の時（午後八時頃）ばかりに、都の東南より火災が発生するや、たちまち西北に燃え広がり、果てには朱雀門、大極殿、大学寮、民部省などまで燃え移り、一夜のうちに灰燼に帰してしまいました。火元は樋口富ノ小路近くの舞人を宿せる仮屋より出たものと思われますが、吹き迷ふ風に、とかく燃え移りゆく様子は、まるで扇を広げたかのように末広がりに燃え広がっていきました。

遠き家は煙にむせび、近きあたりは、ひたすら焔が地に吹きつけられ、空は灰に覆われ、火の光に映って真っ赤な中に、風に吹き切られた焔が、まるで飛ぶように一二町を越えつつ燃え移ってゆきます。その中で人々は生きた心地もなく、あるいは煙にむせんで倒れ伏し、あるいは焔にまかれてたちまち死んでいきます。あるいは身ひとつで辛うじて逃れてみても、私財を取り出すこともならず、七珍万宝もさながら灰燼に帰し、その被害のほどは、どれほどのものになるか計り知れません。

今回の火災で、公卿の家でも十六が焼けました。まして、その外は数え知るに及びません。被害は

都のうち三分の一に及んだようであり、男女の死ぬるもの数十人、牛馬のたぐいは辺際を知りません。（意訳／原文については、市古貞次　校注「新訂　方丈記」を参照）

このようにして、火は二条大路から五条大路にかけて左京の大半を焼きつくし、町々百十余町を炎の中に呑みこんでしまった。当時の記録（清原季光の日記）によれば、焼失した官庁の建物の主なものは、大学寮、応天門と東西の楼、真言院・会昌門・大極殿・神祇官・大膳職・式部省・民部省・朱雀門。また、公卿の邸宅では、関白藤原（松殿）基房、内大臣藤原（近衛）基通をはじめとする十三家であったと言う。

京都の町は二十四メートルもの大路によって画され、これをさらに区切っている小路も十二メートルの幅がある。また、朱雀大路は道幅が八十メートルもあったといわれ、焔はこれら大路・小路を、あるいは東側から西側へと跳び越え、あるいは五十メートル幅の二条大路を南から北へと跳び越えて広がっていったという。火災はこの翌年にも発生し、太郎焼亡で焼け残った左京の七条、八条をも灰燼に帰した。世に次郎焼亡と呼ばれる。

なお、太郎焼亡で焼失した大極殿はついに再建されることなく、これ以後の国家行事は、内裏の正殿であった紫宸殿でおこなわれることが慣例となった。

三、治承の辻風

また治承四年卯月（四月）のころ、中御門通りと京極通りの交わるあたりより、大きな辻風がおこり、六条あたりまで吹きぬけるようなことがありました。三四町も吹きまくる間に、大きな家も、小さな家も、一つとして壊れないものはなかった。ぺしゃんこに倒れたものもあり、桁、柱ばかり残ったものもあった。門が四五町も吹き飛ばされたものもあれば、垣が吹き飛ばされ、隣と一つになったものもある。家のうちの資材など、その多くが宙に舞い、檜皮、葺板のたぐいも、まるで冬の木の葉が風に乱れるようであった。塵が煙のように吹き上げられ、目も開けられず、その鳴り響く音の凄じさに、もの言う声も聞こえない。彼の地獄の業の風なりとも、このようにひどくはないであろうと思われるばかりだ。建物ばかりでない。身を損ないカタワとなった人も数を知らない。

この風は、やがて未（南西）の方角へと移り、また多くの人を嘆かせることとなった。辻風は常に吹く物ではあるが、このようなことが今までにあっただろうか。ただごととは思われず、何かの警告ではないだろうかといぶかしがるばかりだ。（意訳）

長明はこのように異変を語っていますが、別の記録により補足すれば、これは四月二十九日午前四時頃のことであって、同じ頃、七条高倉あたりの人家には雷が落ち、白川方面では雹《ひょう》が降ったと言われています。陰陽寮では、さっそくその吉凶を調べ、朝廷に対し凶事であることが報告されました。そして、この一ケ月後（六月二日）、焼けつくような炎天下、神戸福原への遷都が断行されたのです。

四、再び京都へ

あの異変以来でしょうか、長く雨が降っておりません。

それでも九月も後半に入り、うだるような暑さも何とかおさまりを見せはじめた九月二十二日、乾き切った福原の道を、砂ぼこりを巻き立てて平維盛《これもり》率いる遠征軍が東国を目指して出発していきました。源頼朝挙兵の報が入ったのです。

しかし、源頼朝追討の宣旨が下ったのが九月五日、すでに二週間以上が過ぎています。あまりにも遅い対応と言えるでしょう。実は、長途の遠征にもかかわらず、この大軍を維持する兵糧が不足していたのです。収穫期を迎えても、農産物は旱魃のため全く収穫がなく、史上稀な凶作となったのです。

これに反し、源氏の根拠地である東日本では、「旱魃に不作なし」で、逆にこうした年こそ豊作となったということで、頼朝は、まさに、この東の豊作、西の凶作を背景に平家打倒の兵を起こしたとも言えるでしょう。

この差はたちまち現れました。平家側の意気は全く上がらず、脱走兵さえ出る始末で、十月二十日、富士川をはさんで対陣したときには、源氏側五万余騎の大軍に対し、平家側はわずか四千騎というありさまでした。このような状況を背景に、平家側が水鳥の音に狼狽し、戦わずして敗走するという、あの「富士川合戦」の屈辱が発生したということです。

そして、平家が富士川の合戦に敗れた翌月、平清盛は都を京都へ戻すべく、天皇に許しを乞いました。十一月二十二日のことです。あわただしく還都の準備が進められ、陸路と海路の両方から京を目指すことになりました。ところが、還都は寒風吹きすさぶなか行われ、福原を出港した多くの船が難破することになり、平家はまさに満身創痍のありさまで、十一月二十六日、京の都に帰り着いたのです。福原に都があったのは、六月二日の遷都以来、実に五ヶ月と二十日間という短い期間のことでした。

五、京の都

こうして再び都に返り咲いた京都ですが、繰り返される大火や気象異変、そして大飢饉のため、実に無残な状態になっておりました。

ここで話を進める前に、この頃の京の状態を大まかに見ておくことにしましょう。

平安京は、もともと南北に貫通する幅約八十五メートルの朱雀大路を中心軸にして東側に左京、西側に右京の二つの「京」よりなっておりました。左京・右京は、それぞれ条坊制というシステムによって、ブロックごとに区切られ、このブロックごとに区切るシステムの根幹となったのが大路小路であり、東西に走る大路は十三、小路は二十六、南北に通貫する大路十一、小路は二十二に達し、この大路には、すでに述べた約八十五メートル級の朱雀大路、続いて約五十メートル級の二条大路、さらに約三十六メートル級、約三十メートル級、最小でも約二十四メートル級のものが存在していたと言われます。

さて、左京・右京ですが、それぞれは中国の首都の名を取り、左京が「洛陽城」、右京が「長安城」と称されていたのですが、平安時代もこの頃になると、右京の衰退がはなはだしく、「東西二京を歴見するに、西京（左京）稀にして、殆んど幽墟に幾し」（「池亭記」）という状況になっておりました。このため、平安京の呼称にも変化が現われ、左京の唐風ニックネームであった「洛陽」が堂々と使用されるようになり、「京」と「洛陽」の合成語「京洛」「京師」などの呼称が使われ、「洛中」「洛外」

という言葉によって区分されるようになってきました。「洛中」はいうまでもなく、かつての左京を中心にした都市域部分を指し、「洛外」は、その外側、鴨川以東、および朱雀大路（現千本通）以西、一条大路以北、九条大路以南ということになります。なお「京」という呼び名が一般的になるのもこの頃のことです。

今、右京の衰退ぶりを述べましたが、中心部である左京にしたところで、この頃には荒れるに任せ、朱雀大路の南、都へのメインゲートであった羅城門（今の東寺近辺）もこの頃には礎石しかなく、朱雀大路の終点である大極殿も安元の大火に焼失し、大路の両側に植えられた青柳も炎に炙られたまま無残な姿をさらし、その衰退ぶりを語っておりました。

その荒れた朱雀大路を、平家に反旗をひるがえした南都諸大寺を討つべく、平重衡《しげひら》率いる討伐軍が奈良を目指して出発していきました。こうして治承の年は、東大寺、興福寺の焼き打ちという血生臭い事件によって締めくくられたのです。十二月二十八日のことです。

明けて閏二月七日、平清盛が病死しました。

さて、この頃になると、飢饉の状況もひときわ深刻さを帯び、都のあちらこちらにも餓死者の姿が頻繁に見かけられるようになっておりました。あまつさえ、東国の合戦のため、京都への物資は途絶えがちになり、ますますその勢いに拍車を掛けることになります。

この年七月、元号が「養和」と改元されました。

六、養和の飢饉

方丈記は、この飢饉の模様を次のように述べています。

また、養和のころでしょうか。二年間というもの、世の中は飢饉のため悲惨な様相を呈しておりました。

春、夏、雨が全く降らなかったと思うと、秋には大風や洪水など、よくないことが打ち続き、五穀はことごとく稔らず、春に耕し、夏に植える営みも空しく、秋の収穫はまったく望めないありさまです。このため民は郷を逃げだし、あるいは家を捨てて山に住まいするありさま。さまざまの祈祷、さまざまな方法が行われましたが、よくなる兆しとてありません。

京に住む者にとっては、何ごとにつけても、田舎こそが頼みだというのに、絶えて上るものなければ、いつまでも平気な顔でいられるものでもありません。念じるような思いで、さまざまの財物を捨てるような値で食べ物に換えようとしますが、それとて顧みる人もなく、たまたま交換しようとする者も、金を軽くし、粟を重くするありさま。都は今や、路には乞食があふれ、憂へ悲しむ声がそこかしこに充ち満ちております。

前の年は、このようにして辛うじて暮れました。あくる年には立ち直るかと思っておりましたが、あまつさへ疫病まで発生し、よくなるどころか、その惨状は目も当てられません。

世の人びとは、ただ飢え死ぬのを待つばかり。かと思うと、笠を着け、よい身なりをした者が、足を引きひき、ひたすら家ごとに乞い歩くありさまです。

また道には、惚けたような人々が、歩くかと見れば、すなはち倒れ、そのまま死んでまいります。このようにして築地や道のほとりには飢え死んだ人々が捨て置かれ、数も知れぬありさま。取り片づける者とてなく、都には死臭が充ち満ち、屍の変りゆくさまは目も当てられず、まして河原などは、馬車の行き交う道もないありさまです。(意訳)

鎌倉時代の後期に編纂された歴史書『百錬抄』(おそらく当時の貴族たちの記録を総合したものだと思われます)には、この養和の飢饉で、僧綱や有官の輩にも餓死する者が多く、「諸院の蔵人と称する輩」までが「多く以って餓死す」と、役人の中にまで餓死する者が多かったことをあげています。また、当時の京の様子を「近日嬰児を道路に棄つ。死骸は街衢に満ち、夜々強盗あり、所々に放火あり」と、京の都が無法化しまさに百鬼夜行の世界が現出したことを語っております。

七、仁和寺の僧、隆暁

そんな京の都を徘徊する異様な僧侶たちがおりました。鼻と口を布で覆い、屍を見つけては、のぞき込むように、その額に何やら文字を書いております。その横では別の僧が、その数を記しているのでしょうか、何やら記帳している様子であり、こんな組み合わせが、都のあちらこちらに出没しておりました。

彼らは、隆暁の呼びかけに立ち上がった仁和寺の僧侶たちであり、飢餓や疫病に死んでいく人々を哀れみ、せめてもの供養にと、屍の額に凡字の「阿」字を記し、仏と死者との結縁を取り持とうとしたのです。

次に「方丈記」のその下りを、意訳せず、そのまま掲載させていただきます。


仁和寺の隆暁法印といふ人、かくしつつ数も知らず死ぬるる事を悲しみて、その首の見ゆるごとに、額に阿字を書きて、縁を結ばしむるわざをなんせられける。人数を知らむとて、四五両月を数えたりければ、京のうち、一条よりは南、九条よりは北、京極よりは西、朱雀よりは東の、路のほとりなる頭、すべて四万二千三百余りなんありける。いはむや、その前後に死ぬるもの多く、又河原、白河、西の京もろもろの返地などを加へていはば、際限もあるべからず。


ところで、「阿」字というのは、サンスクリットのアルファベットに相当する第一字母で、「阿」は梵字の音写であり、人生を含めたあらゆる事象を梵字の「阿」字に収め、あらゆるものがそれ自体において絶対であり、本来、生滅のないものであるとするもので、ことに密教僧たちは、万有一切を「阿」字であると感ずる観想によって仏の世界を知ろうとしたのです。

隆暁ら仁和寺の僧たちは、京の通りに散らばる屍の一つひとつの額に、この「阿」字を記し、死者と仏との結縁をはかろうとしたのです。

ところで、隆暁ですが、彼は平安末から鎌倉前期を生きた真言宗の僧侶です。源俊隆の子で、大僧正寛暁に密教を学び、建永二年（一二〇六）七十二歳で歿しました。ということは、この供養を思い立ったのは四十八才の頃になるでしょうか。

「方丈記」を読むかぎりは、隆暁一人でことをなしたかのように読めますが、「四部合戦状本平家物語・巻六」には、「仁和寺の隆暁法印と云ふ上人、上人を太多語らひつつ、其の頭の見ゆる毎、額に阿字を書きて結縁の態を爲らる」とあって、幾多の僧侶と語らってことをなしたことが記されています。

その回った範囲は、「京のうち、一条よりは南、九条よりは北、京極よりは西、朱雀よりは東の、路のほとり」とありますから、先ほどにも紹介した京の市街地区域、「洛中」という区域に該当します。

現代の地域で言えば、北は一条通り（一条戻り橋の通り）から南は九条通り

仁和寺の五重塔

仁和寺五重塔　正面に掲げられた「阿」字

（東寺南側の通り）までの南北約五キロメートル、西は千本通り（ＪＲ山陰本線二条駅東側の通り）から東は寺町通り（寺町電化店街の通り）までの東西約二・五キロメートルの範囲を（森谷尅久氏の算出に拠れば、平安京全体の通りは、東西に走る大路十三、小路二十六、南北に通貫する大路十一、小路は二十二に達していた。とすると、平安京内の大路小路は、大路二四、小路四十八となり、全体で七十二本もの通りがあり、隆暁らが歩いたのは、このうち左京のみであるから、南北の通りを半分と見ても、五十を越える通りを）、四月、五月の二ヶ月間、屍と格闘しながら歩き回ったことになります。

その「阿」字を記した屍は、実に「四万二千三百余り」となり、中には腐乱した死骸や、犬に喰われた死骸もあるでしょうし、その死骸に顔を寄せ、震える手でその額に筆を走らせていた様子を想像するだけで、鬼気迫るものを感じ、身体中の震えが止まらなくなります。

ところで、この同じ時代に、「地獄草子」や「餓鬼草子」が生まれましたが、そこに描かれたおぞましい世界は、この養和の飢饉、いやそればかりではなく、この時代に生きた私たちの心そのものを写し取ったものではないでしょうか。

次の年、寿永元年（一一八二年）になっても、飢饉は治まることがなく、生き残った人々も、多くが、食を求め都を捨てていきました。

世に言う「平家の都落ち」はこの翌年、寿永二年（一一八三年）七月二十八日のことです。

八、元暦の大地震

この後、文治元年（元暦二年でもあり、西暦一一八五年）三月二十四日、平家は壇ノ浦で滅亡し、源平の戦いは終わりを告げました。源義経らが捕虜となった平氏の一族を引きつれて京へ凱旋した、その同じ年の七月九日、突如、大地震が京都を襲いました。「理科年表」によれば、マグニチュード七・四の大地震で、近江・山城・大和・京都で被害が大きく、社寺・家屋の倒壊、破壊が多く、余震も三ヶ月にわたって続いたことが記されています。その元暦大地震を「方丈記」では、次のように記しています。

また同じころでしょうか、すさまじい大地震が起こりました。その様子は尋常ではなく、山は崩れて河を埋め、海は傾いて陸地に押し寄せる。地面は裂け、水が湧出し、大きな岩石は割れて谷に転げ落ちる。沖を漕ぐ船は波にただよい、道ゆく馬は足場を失い棒立ちとなる。都のほとりにある堂舎塔

元暦二年の大地震

廟は、その多くが倒壊し、ひとつとして傷つかぬものはなく、その塵灰が立ち上るさまは、盛んな煙のようであった。

また地の動き、家の崩れる音は雷のようであり、家の内にいれば、家もろとも、忽ちに潰されてしまう。かといって慌てて走り出れば、地面が裂け逃げ場がない。羽でもあれば、空をも飛び、竜でもあれば、雲にでも乗り逃げるのだが。本当に地震ほど恐ろしいものはないとつくづくと思う。

このように激しく揺れることは、しばらくして止んだが、余震はなお続き、しばらくは驚くほどの地震が日に二、三十回も起こった。やがて十日、二十日が過ぎて、ようやく緩やかとなり、日に四、五回、または二、三回、もしくは一日おき、二、三日に一度など、おおよそ余震は三ヶ月ばかり続いた。

また「平家物語」の記述も「方丈記」の記述と似通ってはいますが、「白河・六波羅は言うに及ばず、京中で地中に埋まって死んだ者は、数知れぬありさまであった」と、この地震の恐ろしさを語り、さらに続けて「安徳天皇は都を出て、西海に入水なさり、平家の大臣・公卿たちは捕虜となり、都に帰った。ある者は首を斬られて、その首が大路を引き回され、ある者は、妻子に別れ、遠国に流罪の刑に処せられた。平家の怨霊によって、この世が滅亡するのだと人々がうわさするので、心ある人々で嘆き悲しまぬ者はなかった」と、この地震を滅んでいった平家の祟りであったことを匂わせています。

おわりに

「方丈記」を読んでいると、そこにドキュメンタリー作家顔負けの活躍をしている鴨長明の姿が浮かび上がってきます。

――なぜでしょうか？

名前が示すように、長明は「鴨氏（賀茂氏）」の出であります。父親は下鴨神社の総宮司を務めた人でしたが、早くして亡くなり、長明は幼くして総宮司の職をめぐる争いに巻き込まれ、下鴨神社から放り出されてしまいます。

以後、母方の祖母の手で育てられるのですが、成人してからの長明は、後鳥羽上皇に近づき、歌の才能を活かし、「新古今和歌集」編纂のスタッフとして働いています。でも、そればかりではなさそうです。その裏には上皇の力で下鴨神社の宮司として返り咲こうとしていた長明の思惑が感じられるのです。

方丈庵跡に置かれた「長明方丈石」の碑

下鴨神社境内に復元された方丈庵

その見返りとして、長明は、後鳥羽上皇の耳目となって動いていた、つまりは後の「お庭番」的仕事をしていたように思われます。

このため京都で起こった震災、人の動き、そればかりか鎌倉まで足を運び、鎌倉幕府三代将軍源実朝とも上皇の密使として面談しています。

どうも後鳥羽上皇お抱えの情報収集役――というのが鴨長明の役回りだったようです。

しかし、歌の道では藤原定家の下に置かれ、好きな琵琶の演奏家としても芽が出ず、かといって下鴨神社の宮司職の復権もならず、挫折した長明の取った道が、神職を捨てての出家、そして日野の山奥での隠棲でした。

やがて彼が見聞きしてきた人の世の動きを、ドキュメンタリー作家として書き表すことになりますが、皮肉にも、それが彼の名を高からしめた「方丈記」ではなかったでしょうか？

風土記と地名

――地域ブランド幻想に振り回されるな

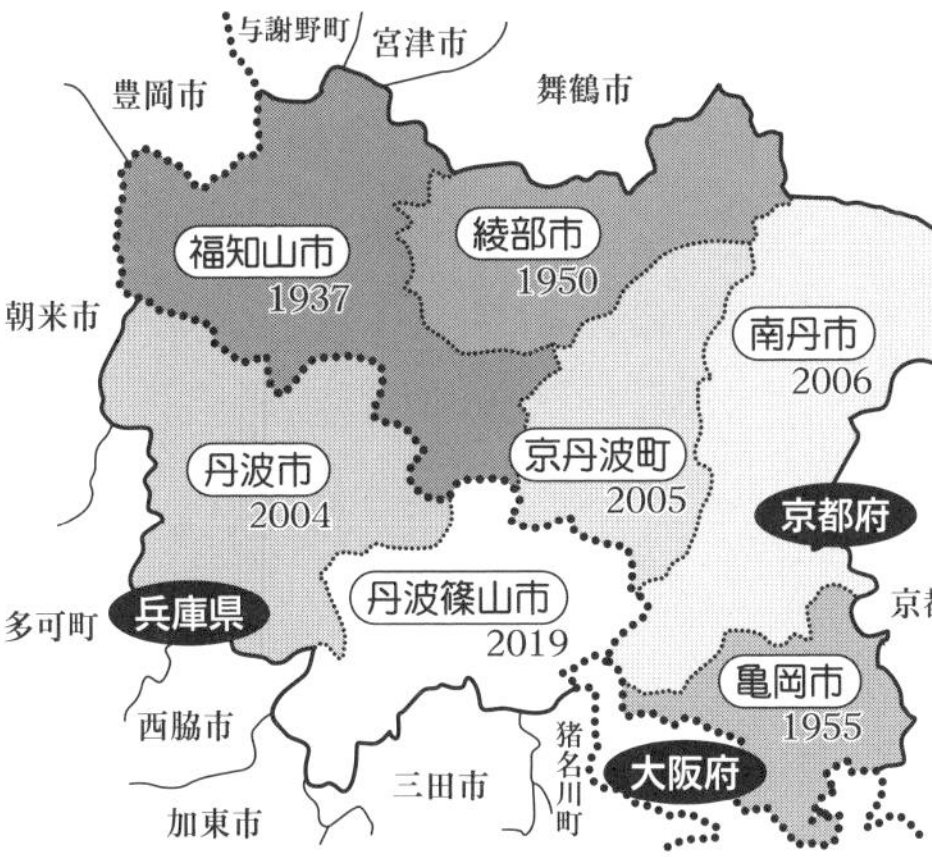

地図内の数字は市制施行の年。
丹波篠山市は、1999年に篠山市として発足、2019年5月1日より市名改称。福知山市は、廃藩置県以前は「丹波国・丹後国」にまたがっていた。かつての丹波国は京都府・兵庫県にまたがり広大であった。市名町名に「丹」の字が多いのはそのため。

小森星児

こもり　せいじ
1935年東京市神田区生まれ
神戸商科大学（現兵庫県立大学）名誉教授
京都大学大学院博士課程（地理学専攻）修了、ロンドン大学留学。
神戸商科大学商経学部教授、県立姫路短大学長、大阪商大大学院地域政策研究科教授、神戸山手大学学長・理事長、ひょうごボランタリープラザ所長、神戸復興塾塾長、神戸まちづくり研究所理事長などを歴任。日本都市学会会長、日本計画行政学会関西支部長、兵庫県住宅審議会会長などを務めた。
現職は公益財団法人ひょうごコミュニティ財団代表理事。
瑞宝中綬章、環境省地域環境保全賞、兵庫県県勢高揚賞など受賞。
15年前に篠山市に移住。動機は東京、京都、神戸、ロンドン、上海など大都市に住んだことがあるが、地理学者として田舎暮らしも体験したかったから。

●漢字四文字の地名は訳あり地名

Q　この5月、改元と同時に丹波篠山市が発足します。全国八百あまりの市のうち、合併以外での市名変更は60年ぶりと聞きましたが、そんなに珍しいことですか。

散人　市名は国民共有の歴史的文化財であり、住民の都合だけで変えられるものではありません。特に東アジアでは、民族や国境を越えて漢字二文字で地名を表す伝統がありました。

Q　そういえば元号も漢字二文字が普通ですが、なにか決まりがあったのでしょうか。

散人　その通りです。大化の改新を経て成立した律令国家は、中国の制度を手本に国づくりをすすめました。中国では国名（王朝名）は漢字一文字、元号や主な地方名は漢字二文字で表す決まりです。国名では漢、唐、宋、明、元、清など、地名では長安、洛陽、北京、上海などが分かりやすい例です。元号も二字でしたが、例外は中国史上ただ一人の女帝則天武后の代です。日本でも奈良時代に漢字四文字の元号がありましたが、やはり女帝の代でした。

Q　新たに中国から取り入れた元号はともかく、文字がなかった時代でも大和言葉の地名があったはずで、為政者の都合で漢字二文字で表わせというのは無理な注文のような気がしますが。

散人　鋭いですね。奈良時代以前は、漢字を表音文字のように使う工夫が行なわれました。万葉仮名もその例です。地名もいわゆる当て字で表記されていました。しかし大化の改新以後数十年で概ね成立したと考えられる令制国六十余国は、北の陸奥から南の薩摩まで一つの例外もなく漢字二文字です。強力な中央政権抜きでは考えられません。

Q　やまとことばはうまく書き換えられたのでしょうか。凄い知恵ですね。

散人　そんなことはない。かなり無理をしています。たとえば紀伊や和泉は無声の漢字が付け加えられています。また武蔵、駿河、播磨などは、三文字でなければ書けないはずです。表意文字である漢字は二文字あれば表現力を十分発揮できるのですが、表音文字として使うときは二文字では無理でしょう。

Q　国名だけでなく、地方の地名も同時に漢字二文字に改められたのでしょうか。

散人　国より小さい行政単位の郡名も、鹿児島郡ただ一つを例外に全国すべて二文字化されました。平安時代に編まれた「延喜式」には『凡そ諸国の郡里等の名はみな二字を用い、必ず嘉名を取れ』との規定があります。ただ、それより細かい地名は簡単ではないでしょう。第一、漢字を使いこなせるのは中央から派遣された少数の官人で、地方の住民に十分な漢籍の素養があったとは考えにくい。

Q　実際に兵庫県の市町名を見ると、平成末の全四一市町のうち漢字一文字と四文字はゼロ、三文字が三つ、平仮名混じりが二つが例外で圧倒的に漢字二文字が優勢ですが、この傾向はいつ頃に始まったのでしょうか。

散人　奈良時代の始め、天皇を中心とする律令国家体制を確立した大和朝廷は中国に倣って歴史書と地誌の編纂に取り組み、前者が古事記と日本書紀、後者が風土記として結実しました。風土記の編纂目的のトップは「地名に好い字をつけよ」ということで、同時期の畿内七道諸国郡郷名著好字令（好字二字令）に対応しています。

Q　なるほど地名が漢字二文字というのは歴史的文化的伝統で、四文字は訳あり地名だったのですか。良い字というのは具体的に何を指しているのでしょうか。

散人　漢字表記は訓みを写せばよかったので、漢字が持つ意味は気にしなかったようです。たとえば播磨風土記には、生野銅山の生野は昔は死野という地名だったとあります。飛鳥もはじめは明日香と表記され、今でも村名に残っています。また大和から見て山の向こうにあることから山背国と呼ばれていた京都が、平城京への遷都に伴って山城国に改められた例があります。ただし天子が空間だけでなく時間も支配するとされた時代、吉凶様々な理由で改元が繰り返されましたが、地名が変更された事例はごく稀です。

●丹波篠山藩が実在したという大嘘

Q　篠山市役所の『市名変更に係る調査報告書』の第一ページ冒頭で「丹波篠山といった旧国名を前につけるという呼称は、廃藩置県以前は対外的に地名を表示する際に『丹波国篠山藩』といった形で全国的に使用されていた」と断定していますが、篠山藩という呼び方は江戸時代には使われたことがないという話も聞きました。実際はどうだったのでしょうか。

散人　「藩」という用語は、江戸時代には公式に使われたことがありません。歴史好きの中学生なら常識です。もっとも新井白石が著した『藩翰譜』に見るように儒学者の間では古代中国に始まる行政用語として広く知られていましたが、中国でも日本でも「地名プラス藩」として特定地域を指す用法はありません。明治初頭の版籍奉還に伴って従来の大名の地位を取り上げ、改めて藩知事に任命したのが廃藩置県の由来です。ついでにいうと、幕府という言葉も江戸中期まで使われませんでした。

Q　江戸時代、藩という呼称がなかったとすると、日常生活でも不便ではありませんか。

散人　それが錯覚です。江戸時代の人びとは、自分が江戸時代に生きているとは知らなかった。それどころか私たちは平安遷都は七九四年、鎌倉幕府は一一九二年、関ヶ原は一六〇〇年と教わりましたが、もちろん当時の人はそんなことを知らない。そういえば西暦が初めて使われたのは西暦五二五年のことで、それ以前ヨーロッパではだれも西暦を知らなかったのです。

Q　言われることは分かるのですが、それなら武士は所属を名乗る時どう言ったのでしょうか。

散人　それがよく分からない。普通は主君の名前を出して青山因幡守様家中などと称したようですが、他藩のことを何と呼んだのか分かりません。江戸時代のベストセラーとして武鑑が有名ですが、ここでも居城地を丹波国多紀郡笹山と記すのみで篠山藩という呼称はありません。

Q　全国くまなく歩いたという点では伊能忠敬が思い浮かびますが、笹山にも二度訪れていますね。

散人　忠敬は詳しい測量日記を残しています。ここでも青山下野守領の丹波国多紀郡笹山町と記載され、篠山藩という呼称は使われていません。なお明治まで、笹山と表記するほうが多かったようです。忠敬の偉業を讃え保存する会が地元で熱心に活動していますが、その名称は「伊能忠敬笹山領探索の会」です。流石に史実に忠実で私たちも見習うべきでしょう。

Q　小中学生の教育を担当する篠山市が、なぜ丹波篠山藩という呼称が歴史的に実在すると断言するのでしょうか。

散人　市長や教育長がこんな初歩的な間違いに気づかないとは考えにくいので、報告書を丁寧に読まなかったのでしょう。しかし、間違いを指摘されても修正しないのは問題です。子どもたちの教育を担う立場がこれでは困るのではないかな。

Q　市の報告書は「篠山と丹波篠山は歴史的に同一の区域」で「丹波篠山は江戸時代早い時期から普

通に使用されている」と主張していますが、その根拠は示していません。全国的にも当てはまる議論などでしょうか。

散人　ファクト・チェックが必要です。もともと江戸時代には、町と村は別の世界です。兵農分離の大原則があって、町には武士と商工業者が住み、村には百姓が住むことになっていました。領国の経済を支えたのは年貢の村請制で、人口や産物は村ごとに管理され、勝手に篠山町の住民だとか産物だと名乗ると処罰されたでしょうね。現在でも、市内で町がつく字名は戦後改名した殿町を除けば旧篠山町だけで、町と村の区別が生きている証拠です。

Q　そういえば漱石は『吾輩は猫である』に隣家のバンカラ野球少年を登場させて「いずれも一騎当千の猛将と見えて、丹波の国は笹山から昨夜着き立てで御座るといわぬばかりに、黒く逞しく筋肉が発達している。中学などに入れて学問をさせるのは惜しいものだ。漁師か船頭にしたら定めし国家の役に立つだろう」と揶揄していますね。

散人　江戸っ子の漱石には、新政府にも田舎者の野暮ったさにも我慢できなかったのでしょう。江戸っ子が重んじたのは語呂のよさです。国名が二文字だと「の」を入れると落ち着く。伊豆の大島、飛騨の高山、安芸の宮島、土佐の高知、肥後の熊本などがその例です。

Q　国名プラス地名という呼称はもっと新しいということでしょうか。

散人　大正6年頃国鉄が同一駅名を区別するために、全国ほぼ同時に駅名改正したのが走りかな。会津若松、近江八幡、丹波大山、但馬竹田などがその例です。市名では、太平洋戦争末期に市制施行した泉大津や泉佐野が最初でした。ただし江戸時代でも、混同を避けるために国名をつけて呼ぶ場合もありました。武鑑から拾うと丹波亀山（現亀岡市）、播磨新宮、淡路洲本、丹波柏原などがそれです。国名がつく四文字藩名は格下か新参者を意味していたようです。

Q　そういえば丹波柏原藩は氷上郡のことだとは聞いたことがありません。

散人　氷上郡には幕府直轄領(天領)、大名領、旗本領、公家領、寺社領などが入り乱れ、柏原藩はその一部を領有していたに過ぎません。一郡一藩の篠山が例外なのです。それが錯覚の原因なのでしょう。

Q　はじめに合併以外に単独で市名変更したのは豊田市と丹波篠山市だけと指摘されましたが、変更の理由は一緒でしたか。

散人　事情は異なるようです。豊田市は旧市名が挙母（コロモ）市ですが、隣県の小諸（コモロ）市と耳では聞き分けられないという分かりやすい理由がありました。わざと紛らわしい市名を選んだ篠山とは違います。

Q　そういえば篠山警察署は名称変更しないようですね。

散人　緊急通報での混乱も心配ですね。つくば市とつくばみらい市も隣接していますが、つくばみらい市を所管するのは常総警察署だそうです。

●ブランド依存は救世主になりうるか

Q　以前、日本の地方都市には超高齢化、少子化、生産性低下の嵐が近づいているのに、篠山市は船名を変えて乗り切るつもりかと丹波新聞に書かれたことを思い出しました。丹波篠山市への改名は、危機を克服する効果的な施策だと期待できるでしょうか。

散人　篠山だけ生き残ろうというのは虫が良すぎるでしょう。地域間の連携を高め、相互に補う体制づくりが急務だと思います。しかし、今回の改名では、こうした議論は空振りに終わった印象を受けました。

Q　しかし、知名度が低いのは問題ではないのでしょうか。

散人　知名度というのは学術的にも統計的にもほとんど無意味な数字です。それに、一世代前に比べるとメディアやネットでの取り上げ量は飛躍的に増大しています。「井の中の蛙」的なひがみ意識から抜けられないのは、むしろ地元住民ではないか。

Q　改名で市は10年間で52億円の経済効果が期待できると謳っています。

散人　かなりの水増しですね。52億円というのは、市名変更の効果が10年間続くことを前提としていますが、こんな甘い仮定は資本主義社会ではありえない。篠山がなにか新しい手を打てば、競争相手は直ちにそれを上回る施策を打ち出します。テーマパークがいい例です。3年毎に施設を更新しなければ競争に勝てません。市当局の推定は、お役所らしい独善と想像力欠如に基づくといわれても仕方ないでしょう。

Q　しかし、それではジリ貧に落ち込むだけではないでしょうか。

散人　篠山を経済的に支えているのは、市の名称に無関係な収入です。たとえば高齢者の年金収入は年間二百億円を越えています、市外で働く通勤者が持ち帰る給与も同じような規模でしょう。政府や県の交付金も百億円近い金額です。これだけで農業や観光業の所得の数十倍になります。農業や観光業が基幹産業だというのは幻想に過ぎません。

Q　市はユネスコ創造都市や日本遺産指定で盛り上がりを期待していますが。

散人　既得権益と因習に束縛され新しいものを拒む城下町の体質は文化創造には一番遠い存在だし、先祖の遺産で人口四万の都市が食べていくというのは甘すぎる。文化庁の言いなりでは博物館のミイラになるのが落ちでしょう。世界遺産に登録された石見銀山や富岡製糸場を見てください。登録直後は観光客が溢れましたが、数年でピークの四割に落ち込みました。

Q　今頃になって、そんな冷たい批判は出し遅れではありませんか。

散人　それはどうかな。水上勉をご存じですか。かれは半世紀前に丹波を訪れ、当時の中山図書館長の案内で歩いた篠山の印象を率直に書き留めています。

『「だいたい、このあたりの特産物はなんですか」

「別にこれといった特産物はありません。強いて言えば自然薯でしょうか。冬になれば猪鍋があるくらいで、名物といえるものは何もありません」

私は後の言葉が出なかった。まったく現代から置き忘れられたといっているのではあるまいか』

（水上勉『日本の風景を歩く──丹波・丹後篇』１９７５）

Q　なるほど、遅れても憂えず、悠然とわが道を行くのが篠山のスタイルだったのですね。

散人　だからブランド志向が心配になります。地域ブランドというアイディアは、電通や博報堂の陰謀で、いちど味を覚えたら止められないアリ地獄への道かもしれない。商売上手だから、あっち側にも加勢して料金をせしめる。こっち側が劣勢になれば、ブランド化に乗り遅れたせいだという。疲弊するのは振り回された競争者で、双方とも広告代理店に貢ぐだけの存在に陥るのではなかろうか。

Q　思いがけない未来図ですね。どうすればこのラットレースから抜け出せるのでしょうか。

散人　まず政策について識見のあるデータアナリストを招くことでしょう。篠山市だけで抱える必要はない。京丹波を含めた丹波自治体シンクタンクを作ればいい。思いつきや勘に頼った行政から脱皮することでしょう。残された時間はもう永くはありません。

Q　改名による市内の農業や観光の振興が期待されていますが。

散人　生産性が低い産業に補助金を出すだけでは不十分です。まず、地域外から稼いだお金がなるべく流出しないような作戦が大事で域内循環の漏れを調べて手を打つべきでしょう。現実にはコンビニ、量販店、ネット販売などを通じで市民が稼いだ所得の多くが大都市に還流し、格差拡大の原因になっている。議論を深めるために、市当局がデータを公開するのが望ましい。

Q　丹波篠山市発足以降、あとを追う自治体が増えるでしょうか。

散人　平成の大合併で名前が変わった市が多いので、考えられるのは東西の難読自治体筆頭の千葉県匝瑳市（ソウサ）と兵庫県宍粟市（シソウ）ですが、どちらも地名への誇りが尋常でない。さらに今回の改称では最優先されるべき費用便益分析も実施せず、市内外の学識経験者による審議会やパブリックコメントも省略されました。こんな蛮勇は城下町篠山以外では通らないでしょう。

Q　そういえば氷上郡六町が合併して丹波市が発足して一五年になりますが、兵庫県と京都府に分断された旧国名をひとり占めした市名の経済効果はあったのでしょうか。

散人 篠山市側では横取りされたと不平が多かったけど、データで辿るかぎり名称による違いは認められません。丹波市側では言いがかりに近いと考えているようです。

Q 企業なら、単独でも名称変更は当たり前だという意見もありますが。

散人 利益が上がっている企業の話でしょう。限界企業とか消滅企業ではないかと懸念されている場合は、エビデンスを欠く民間療法に頼る余裕がありません。

Q 住民投票や市議会が決めた政策です。民間療法と呼ぶのは間違いではありませんか。

散人 政策決定の過程を、かりに合法性（多数決）原理と合理性（ハーベイロード）原理に分けたとすると、目先の利益にとらわれ政治的術策が目につく今回の決定は合法性原理の行き過ぎではないでしょうか。合理性原理というのは、専門家の知恵を動員し、科学的手続きを守るところから始まります。

Q 住民投票は間違いと言うことでしょうか。

散人 そうではなく、住民に正確な情報が提供されたかどうかの問題です。たとえばコンサルに委託した経済効果調査は、科学的手続きの面で信頼できません。科学的調査であれば、①先行調査の評価、②調査手法の選択、③引用文献の一覧、などが提示されていなければ相手にされませんが、何もありません。単なる下書きに過ぎない。こんな不完全なものを受取るのは税金の無駄遣いであり、市民が侮辱されているとしか思えません。

Q 市のプロジェクトチームの報告書はどうでしょう。

散人 結論が先にあって、自分に都合がいい話を寄せ集めたという印象です。たとえば賛成者と反対者の意見を整理していますが、あの時点では報告書を読んで熟慮したいという市民が多かったはずです。私もその一人ですが、正直に言って白けました。

Q　丹波といえば狭いとか辺鄙というイメージですが、なぜこだわるのでしょう。

散人　古代の丹波は違います。日本書紀に大和朝廷が各地に四道将軍を送って平定した記事がありますが、四道とは北陸、東海、西道、丹波のことです。丹波王朝ともいいますが、後に但馬、丹後が独立し、明治になって京都と兵庫に分割されました。

Q　近現代の篠山の発展はどうだったのでしょう。

散人　江戸時代、石高に差があっても城下町を中心とする地域構成は互いによく似ていました。石高が5万石なら人口も5万人、城下町の人口規模はその一割というのが標準です。多紀郡もその例です。ところが石高5万石以上の城下町は全国に百あまりありましたが、そのうち最後に市制施行したのが篠山市だったのです。

Q　なぜ一番ビリに甘んじたのでしょうか。市名ブランド化で追いつけますか。

散人　それがまさに核心の問題でしょう。ビリは悪いことではない。そのお蔭で古い町並みが残った。しかし、特産物を含め遺産や伝統で食べていこうという退嬰的な方針では、これからの世界を生き延びるのは難しいのではないかというのが私の見立てです。

大量生産・大量消費時代は終わったのに、まだブランドに固執するのは一周遅れの感を拭えない。山家の猿も困るが、裸の王様にもなりたくない。

マクロビオティック風土論

――チャチャはこう話して呉れた

斎藤武次

さいとう　たけじ
埼玉県生まれ。
18歳のとき「永遠の少年」を読み、無双原理の面白さに夢中となる。その１年後に桜沢塾（M・I）へ入所。食養料理と食品・書籍販売の経験を経て、後に「世界政府」新聞の編集に携わる。その時代の日記は「知らなかった国よ」という表題で、研究資料として2008年に自費出版。現在は月１回の料理教室と「モニコド文庫」の名を冠して、有志との交流を楽しんでいる。さらに食養とマクロビオティックの歴史をベースに『桜沢試論』を只今執筆中。

アイヌむッかし
ゆーきのなッか　はンたしであるいたとき　ちよかつたよ
とーしもしらないければ
にるもやきもしないで　しよのままくつたとき
たーれにもまけないほんと　ちよかつたよ

シヤモがきて
アイヌ　シヤモのまねしるようになる
シヤモのたんなが　いンばるやうになる
しよれから　はーらいたいの　あーしやいたい
おれたちシイカチのとッき　はーらいたいければ
やンま　はンたしではしつたもんたよ

しよれにおれたち　みーんななかよかつたもんたよ
シャモのように　ちるいくもなかつたよ
うーしよもいはないし　ほーらもふかないかつたよ
わるいこと　みんなシヤモがおしいたんだよ

アイヌのくンには　ほんとーのにんけんのくンにたよ
おーれたち　みんなライしてしまつても
おれたちのかんかへているよんな　よのなかにならないければ
シヤーモも　カイコクジンもほろびるよ
にたりやいたりしたら　ためたよ
しよのまんまがよいよ
おーれたち　うしよゆいないくてみんなほろびるけれども
カムイ　ちやーんとしつてゐるよ
うしよいふと　カムイひんといめにあはせるよ
ライよりひんといめにあふよ

わかつたか
おまへたちおーれのいふこと　ばかにしてきいていると
ほんとにひンといめにあふよ　うしよでないよ
おれたち　うしよいわないよ

この詩は北海道生まれのアイヌ文化研究家、郷土史家、そして詩人でもあった更科源蔵氏（一九〇四年～一九八五年没）の詩集「種薯」（昭和五年発刊）の中に収められている一編です。

いきなりこの「古訳」体で書かれた詩を見せられて、さっと読んでその意味合いを正確に理解することは、今時の若い人には無理かもしれません。昭和生まれの人間ならば何とか半分くらいは、含み笑いをしながら解ってもらえるでしょう。アイヌの古老が何を言っているのか、作者は何を伝えたかったのか、そのすべてを明確に把握できないまでも、大方の意味合いを感じ取ることは出来るのではないでしょうか。

私がこの詩に出会ったのは、もっぱら文学かぶれしていた二十一歳の秋、それ以前、河出書房から発行されていた「日本文学詩体系」十巻の古本を、神田の古本屋から買い込んで夢中になって読んでいるときでした。その時の感動を私は当時の日記に次のように記しています。

「私は何よりもそこに示されたアイヌの古老の世界観におどろく。その自然の直感はどうだ。感嘆のほかはない。それにチャチャのこれらの言葉に興味を感じてとりあげ、詩の世界にまで昇華させた作者の心情と感受性も賞賛すべきだ。

私が更科源蔵という名を知ったのは、伊藤整の『若い詩人の肖像』を読んだ時が初めてである。彼がこんな詩を書いているとは思わなかった。ただ、ローカルな、そして多少個性的な詩を書いている人位に想像していた。これは『種薯』という表題の詩集の中の一編だが、実に見事な出来栄えである。」（一九五六年十月二十九日記）

実はその頃、私は東京渋谷区西原にあった桜沢如一先生（マクロビオティックの創始者）主宰のMI塾を退所して実家に戻って、一年の間に二度ほどの転職を繰り返し、自分の身の振り方が定まらなかった、いわば神経病のような時代のさ中でした。

しかし、直感的に食べ物を通してモノを見るという世界観に魅せられていた私にとって、腹の底からじっくりと語りかけてくるこのチャチャの悲哀に満ちた言葉は、何とも真実の重みをもって胸に響いて来たのでした。

とは言え、二十歳代そこそこの文学かぶれした私は、片や次のような言葉にも心を揺さぶられます。

「青年の心が思想にふれたとき、そこには特異な化学変化に似た現象が起こります。それは多くの場合醜いものであり、何物かに憑かれたようなうわずった興奮、極端な空想から生まれた驕慢など、そのもっともありふれた病状と言えます。しかしそれはみな抽象を生命とする観念が人間の精神と溶けあいこれを生かす機能と化する際に、誰しも免れない悪徳であり、いわば人生において真実の価値を持つすべての事物と同様に、思想も醜い戯画化の一時期を経ずには青年によっては所有されないのです。

真剣にものを考えることは、真剣に恋愛することと同じくらいさまざまな悪徳に青年を誘い込む仕事であり、この悪徳に耐えた者だけが、その対象を捕え得るといってもあえて過言ではないのです。」（中村光夫著「志賀直哉論」より）

そして、こんな独白めいた言葉を、その日の日記に綴っています。

「ご覧のようにこのところ、私は中村光夫の評論『志賀直哉論』を読んでいるのだが、この言葉ほど今、私の心の中にまるで電光の様な鋭さで響いてくるものはない。論じられている人間志賀直哉（短編小説の神様と言われている）もさることながら、それよりも切実な問題としてこれらの言葉の持つ意味が私にはより重大なのだ。まさしく私は今思想との邂逅に驚き悩み、困憊し疲労しきっているのであり、醜い戯画化を演じているのであるから。それはもう自分でも気づくようなものであるから、いくぶん平静を取り戻したとも言えるが、まだまだ危ない。しっかりせねばならぬと思う。耐えねばならぬのだ。自分を取り巻くさまざまな甘い誘惑に負けてしまってはいけない。その胸の苦悩をいちおうは心の中におさめておくのだ。飲み込んでしまってもいけないが、すぐ吐き出してしまってもいけない。しばらく時を待って処理をする、それが節度というものだ。

実際、私はいくらでも妥協という誘惑の中に、すべり込んで行ける機会を与えられている。まして多少なりとも厭世思想にとりつかれて暗い気持ちでいることや、病気から気力を失っていることなど、奈落へすべり込んでいくには好個の条件が整っているのだ。私には多少その気味がある。そして私の身体と心は憔悴して行くばかりである。いけない、いけない、いけない。」

（一九五六年＝昭和三十一年十月二十四日記）

こんな青春時代の迷いの中で、私が「チャチャはこうして話して呉れた」の詩に出会い、感動したということの体験は、その後の人生観を形成する上で貴重な肥やしとなって行きました。

それははからずも後の私の読書遍歴の中で、「食養の祖」と言われる石塚左玄の食養理論を飛躍的に発展させたマクロビオティック世界観の創設者、桜沢如一先生が昭和八年の初め「食養雑誌」に発表していた『亡びゆく民族──アイヌについて──』という論文を発見、それを読むことによって、さらに確実なモノとなって行きました。

その論文の初めの頁を、取りあえず皆さんにご紹介しましょう。

「冷たい人類史の一頁に哀れを止め亡びゆく民族、一つの民族の死、と言う大きな悲劇はシネマや三面記事の悲劇の様に一夜の夢の如くに迅速には行われないが、数十年、数百年の間に展開されるので、その悲惨さが薄められ、多くの人の心を痛めない。

然し人間の死、病を最も痛切に最も深刻に体験した者、その不自然なる死、不自然な生理、即ち病気を脱出するために必死の努力をし、自然の健康の秘密に触れ、健康の幸福に躍進する様に更生した者は、やがて眼界が広まり、自分一個を中心にした従来の『苦』しさ、『欲』（集）の世界から一歩離れ、家族から社会、国家から人類全体を達観する様な高い高い立場に運ばれ、善と悪を超越した世界に入る。一つの民族の大きな死、滅亡と言う様な現象はそこへ達するまでに必ず眺めねばならない風景の一つであろう。

一つの民族の死！

一体そんなことが果たしてあるのか？

一体それは如何なる理由があるのか？

一体それは救う事が出来ないものか？

私は食養によって死から救われた。その自分の体験を出発点として沢山の人々に同じ様な人々で死を免れる道筋を知らせ、同じ様な結果を得て、益々食養の原理に深い信念を確立した私は、この『一つの民族の死』と言う大きな問題の真相についても、食養の原理を確かめてみたいと思ったので、昭和三年北海道の会員諸君の後援を得て旭川まで講演旅行を試みた。当時澤田会長が北海道庁長官で居られたために色々な便宜を与えられたのは私にとって大へんな喜びであった。」

（昭和八年「食養雑誌」一一月号、№３０２号より）

そして桜沢（敬称略）は第一章に於いてアイヌの人口問題（その増減）に触れながら、第二章では彼等の食べ物が西洋栄養学の影響を受けていた内地人の、これまた二次影響を受け、従来のアイヌの伝統食が捨てられていった様子を報告しています。

また「アイヌは肉食人種に非ず」というサブタイトルのついた頁では、

「アイヌは往時、鹿、熊、鮭、鱒等を食物としていたという通俗的観察」は誤りの一つであり、「熊祭りの如きも一年一回であり、一軒若しくは一族毎に催すものでもないから、よしやその二歳の熊を競い食ったり、血を争って吸ったりした処で、肉食などと言う分量でもなければ、連続的日常食でもないのは明らかな事である」。また、それらの「漁獲数量が明細に分からなくとも、大体それが大したものでなかったという事は、その料理法、その貯蔵法に現われている」とし、「食物の形態学的影響たる、骨相々好がすでに肉食の僅少さ」を明白に示している、とも論じています。

さらに第三章に於いては、アイヌの滅亡の原因として一般の次のような定説

①食物の変化　②衛生思想の欠乏　③伝染病対抗力の欠乏　④男子飲酒過度
⑤女子栄養不足　⑥血族結婚の弊　⑦精神の萎縮　⑧無知にして迷信深き事

等について、桜沢は食養の観点から吟味、批判を展開しています。
たとえば、
①の「食物の変化がアイヌ民族の滅亡の最大原因であることは信ずるものであるが、その変化の内容に至っては一般の人々とは全くその説を異にする。即ち前章に於いて見し如く、彼等往時の食物の基調は完全に植物食であって、その骨相形態にはその数世紀来の伝統が明瞭に現れている。」等々。
しからば桜沢の言う食物の変化とは、何かというに、「主食たる栗稗の粗食を、下等白米、外米等に変えたる事、第一也。馬鈴薯を取り入れたる事、第二也。其の他総じて往時の素朴なる太古の食、自然の食を捨て、機械文明の耳目口舌をのみ喜ばす食物一般を摂り始めたる事である。一般観察は食物の真相を仔細に吟味せず、単に軽卒にも『肉食なり、熊、鹿、鮭を主食なり』等と断定して誤りを犯し、この主食を廃止せるが為に体質を低下せしめたりと粗忽なる結論を下して、二重の誤れる認識を犯している」と言う。

「又彼等の栗、稗、雑穀、その他副食物の如何にも素朴なるは、人体に必要欠くべからざる事、ビタミン以上なる無機塩類、なかんずくナトリウム、カリウム、カルシウム、燐、苦土、塩酸等の塩類最も豊富にして、食養上最も優良なりしを有力に物語る」にも拘らず、これに反し無機塩類絶無の白米を内地人の真似をして主食となしつつ、副食として米食人種の殺人食ともいうべき馬鈴薯の如き惣菜中最も恐るべき極陰性食品の多食と、食の大切さに対する無知が彼等の体力を弱体化し、アイヌ族を滅亡の淵に追い込んでいったのだとの見解を述べている。そして最後に、「我が日本同胞は、すでにアイヌと同様の傾向を現わしつつあるではないか。」との言葉や「現状にして十年を続かんか、日本は寒心すべき状態に陥り、再び救済の途なきに至らんやを測り難い。アイヌの滅亡を救う能わざる内地人は、自らを救う能力を欠いているのである。アイヌの滅亡は、内地人自らの食養原理に無関心無知なるが為である。嗚呼！」と、何ともやるせない想いの言葉を投げかけています。

さて、時を同じく昭和初年のこの時代、和辻哲郎氏の著名な『「風土」——人間学的考察——』という本が出版されています。発刊後間もなく唯物論者からの強烈な批判があったようですが、現代に於いてもその論考に対する言論には、賞賛と共に批判、修正論が展開されているようです。

しかし、私は長々と前文に於いて一見「風土論」と関係のなさそうな食養にまつわる話を述べて来ました。和辻氏の風土論の基本が自然と人間の関係（「第二の自然」との表現もされている）に於いて、主として外部環境を砂漠型、モンスーン型、牧場型という三つの視点で語っているのに対し、その土地々々に於いて人間そのものが食物を摂取することによる肉体的及び精神的な生命表現である（これも身土不二による地域性が生まれてくる）という観点からのアプローチも、きわめて重要な風土論の要素であると考えたからです。

なるほど、人間を取り巻く外部としての自然環境から人間の在り方が、空間的にも時間的にも大きな影響と制約を受けざるを得ないことは和辻氏の論述の通りであり、「自然の特殊性は決して消失するもの」ではなく、また「人は知らず識らずに依然としてその制約を受け、依然としてそこに根を下ろしている」という言葉も、率直に私たちは受け止めていいのではないでしょうか。人間がいわば自然の意思によって生まれてきたのだとしても、それは「風土」論の主張が、必ずしも「環境決定論」であるとの批判には当たらないと私は判断します。

ただ、人間の在り様を「食物のない処に生命現象なし」と言う生命の発生学的観点から考察した場合、どうしても外部環境との相互作用（ある意味、同一性）は無視できない問題であり、僭越ながら和辻氏の風土論を補強する意味でも、「食べ物を通してモノゴトを見る」というマクロビオテイックの世界観は、現代の著しいＡＩ時代の進展の中でも変わりなく、これからも人類の進むべき方向を示唆しているように思えてなりません。

そんな視点から「チャチャはこう話して呉れた」の詩を取り上げて見ました。

（二〇一九年　四月　二十二日　記）

『感動塾』の旅で触れた「風土」

重藤悦男

しげふじ　えつお

1954年	三重県名張市生まれ
1977年	皇學館大学文学部国史学科卒業
1977年より	清風学園勤務（国語科担当）
1983年より	「富士登山」引率　以後都合31回担当
1984年より	「100㎞歩行」引率　以後毎年33回担当
2005年より	「感動塾」主宰　以後毎月160回実施
2016年	清風学園退職

（2019年３月現在）

はじめに

「風土」という文字を見ていて、ふと、ヲシテ文字のことを連想した。ヲシテ文字とは、天地の状態を表す母音と動きを示す子音をうまく組み合わせた文字で、「あいうえお」の母音が順に「」(うつほ・空)、「」(かぜ・風)、「」(ほ・火)、「」(みづ・水)「」(はに・土)と表記し、状態、エネルギーの五元素に相当する。上から三つ「空」「風」「火」は気体、「水」は液体、「土」は固体である。そこから「風土」とは動く気体と個体が織りなす時空間とも言えよう。

ただし、一般に「風土」と言えば、河海も構成要素であり、エネルギーである。「水」も入る。さらに、「風土」にはその地その地の目には見えない氣、波動というものもある。

そうすると、「空」も欠くべからざる構成要素、エネルギーである。さらに、「風土」の中には、「火」もあるではないか。その地その地で行われている「火」祭も「風土」とかかわり、さらに「火」のエネルギーは光となり、熱ともなる存在で、日の光もその色合いで醸し出す「風土」というものがある。

つまり、「風土」には五元素の「風と土」だけでなく、「空と火と水」も存在し、働いているのであった。「風土」には「空風火水土」の五元素、母音の「あいうえお」ヲシテ文字の「」がすべて存在し、働いていることに気づかされた。

これで「風土」を表す時空を網羅できたかと思いきや、まだあった。身近でかつ大切な存在、「人」が抜けているのに気が付いた。「風土」には、その地その地で生かされ生きている人の存在と営みが、「風土」をかたちつくっている。さらに、その人を支えてくれている動物、昆虫、植物、微生物も「風土」つくりの役割を担っている存在だ。

こういう視点に立ち、こういう感性で、私が主宰している「感動塾」で旅をしたところの「風土」の特色、味わいを五元素のひとつひとつを章立てし、「人」も一つの章、「生物」もひとつの章として立て、論じてみたい。

「○」（うつほ）空

目にはそのものズバリは見えないが、何かあるというシグナルに出会うことがある。オーブと言うたまゆらが写真に写ることがある。何らかの氣、空（うつほ）の存在を感じる。

「感動塾」の野外活動で、写真に霊的な氣が現れ、盛り上がることがある。

それは、二〇一二年一一月四日、第八四回「感動塾─鶴と亀を統べる旅」で、かごめかごめを研究する会会長の上森三郎さんの案内で、上森さんが空海神霊より掘るように言われて、掘り進めている兵庫県朝来市絶峯御林で起きた。地上絵で鶴と亀が接吻している位置で、その入り口には鶴の頭、亀の頭に見える岩石があるところだった。

そこで、説明されている上森さんを写真に撮った。レンズに光るものが見えた。よく見ると十字の光が上森さんの背中に降りていた。光の写真は私だけではなかった。三十八神社の宮司の東豊榮さんが撮った写真は七色の光がきらめくオーブが丁度、上森さんの腰部を包むように写り、その他数個の七色オーブが上森さんの背後に輝いていた。

極めつけは、教え子の市田宗大さんが撮った写真だ。洞穴を中心にして、右手に上森さん、その左手に、なんと紫色の光のシャワーが二段に流れ落ちる瀧状に降り注いでいる。

いずれ、ここには何があり、どんなエネルギーが流れているのか解明される時が訪れるであろう。楽しみである。

「∧」（かぜ）風

風も目には見えないが氣の流れというエネルギーがあり、その強さにより、微風であったり、強風であったりする。

富士山に数十回登っている私は様々な風を体験した。強風で前へ出した一歩が宙に浮き、体が後ろに押され、三秒ほど、一本足状態となったこともあった。汗だくで登っているとき、一陣の風にほっとする時もあった。

「感動塾」の野外活動では、ほとんどが晴天で風を意識したことは少ないが、二〇一六年五月三日、第一一六回「感動塾―カタカムナ聖地をめぐる旅」で、鍼灸師の寅屋哲哉さんの案内で六甲山のピラーロックのてっぺんに立ち感動を叫んだときは風に対峙するのではなく、風と一体である感じがした。「今日の風にありがとう」の境地であった。

第84回「感動塾」鶴と亀を統べる旅
絶峯御林の光の瀧　　2012年11月４日

「△」（ほ）火

めらめら燃える火そのものは、奈良東大寺のお水取りの松明、滋賀県多賀町のありがとう村の護摩焚き祭の火などは迫力があり、前者は火の粉の舞い方、後者は炎の形状に、変化の妙がある。

太陽の火では富士登山のご来光を幾度も拝ませていただいた。払暁、紫の夜明け、朱色から黄金色へと変化して昇るご来光、闇から光への大転換の醍醐味を味わうことができる。

「感動塾」では、二〇〇八年八月一〇日、第三三回「感動塾―日本最高峰登頂、ご来光、そして」で、私が案内したとき、富士宮登山道七合目から、雲が追羽根状に踊るご来光を仰ぐことができた。内なる弾みが天空に投影され、天空の外なる弾みが内なる心を躍らせてくれた。

「ぢ」（みづ）水

地球は水の惑星で、水によって生命が育まれている。その命の母ともいえる水とその水を湧出している地球に感謝し、人類の水との縁をよりよいものにしようという思いで、二〇一〇年二月二一日、第五一回「感動塾―水との結び・ありがとう琵琶湖ありがとう地球」をびわ湖ホールとその外の琵琶湖で開いた。

案内は水の伝道師の江本勝さん。水は言葉、音楽、形状、さらに意識までも転写する力をもっているというお話をされた後、琵琶湖畔で、大断言をリードされた。

「宇宙の無限の力が凝り凝って真の大和の御世が成りなった」

と皆で唱和し、琵琶湖に思いを届けた。

また、二〇〇九年七月五日の第四四回「感動塾――生命大界に直に触れる旅」では、大杉神社宮司の安達利夫さんの案内で、醒ヶ井を散策し、清流とその中で咲く梅花藻に心洗われる体験をした。

二〇一四年一一月二三日、第一〇八回「感動塾――氣の巡りがとっても心地のよい有馬の巡り」で医師の橋本和哉さんの案内で有馬温泉の金の湯に入った。浸かったところの氣の巡りがよくなるとのことで、赤茶色の温泉に頭から潜り、温泉エネルギーを全身に頂いた。

二〇一五年七月二六日、第一一六回「感動塾――みことひらき」で三十八神社の宮司の東豊栄さんの導きで、交野市の源氏の滝で滝行をした。間断なく叩きつけられる滝水を頭頂、肩にしっかり受け止めた。その刺激の爽快感、後の解放感は格別だ。

「□」（はに）土

土（はに）は固体で、固体の特性は不動性、永遠性にある。

土（はに）の特性を象徴するようなイワクラに出会った。二〇一一年一一月二七日、第七二回「感動塾―イワクラの声を聴く旅」で山添村磐座文化研究会副会長の奥谷和夫さんの案内で訪ねた奈良県山添村の長寿岩である。直径八メートルもある球体のイワクラで上三分の二が地上に顔を出している。その存在感に息をのむ。

また、ゼロ磁場、イヤシロ地のような波動を感じさせるイワクラもある。

二〇一三年八月一一日、第九三回「感動塾――なぜか秘められた内宮のイワクラ」で、庭師の武部正俊さんの案内で訪ねた内宮の真北、神宮司庁近くの丘にあるイワクラで、上部に溝があり、その上に立つと実に気持ちがよい。

人と風土

「感動塾」は主に中央公会堂での座学を基本に回を重ねて、二〇一九年三月で第一六〇回を迎えるが、二十八回は屋外の散策などの活動をしている。その土地土地の風土、人情というものに触れている。

二〇一四年一〇月一二日、第一〇七回「感動塾――瀬織津姫の御霊に触れる旅」では、神話民話伝承家の大江幸久さんに奈良県桜井市大福の撞《つき》賢《さか》木《き》厳《いつの》御《み》魂《たま》天《あま》疎《さかる》向《むか》津《つ》姫《ひめ》神社に参ったとき、近くに見えた地元の人に神社のことを尋ねると、それだったらこの方が詳しいと桜井市横内区の区長の藤本晃司さんにわざわざ連絡を取り、さらに集会所も開けて下さり、区長さんも急遽そこでお話してくださるという筋書きを超える親切に接し、大感動した。

二〇一八年四月三〇日、第一四九回「感動塾――梅岩魂に触れる旅」では心学明誠舎理事の清水正博さんの案内で、京都の石田梅岩ゆかりの地を散策し、半《はん》兵《べ》衛《え》麸《ふ》を訪ねたところ、会長の玉《たま》置《おき》辰次さんは、後水尾天皇ご宸筆の「仁義礼智信」の掛軸をかけて迎えてくださり、食を通じ

第72回「感動塾」イワクラの声を聴く旅
山添村の長寿岩　2011年11月27日

て皆が仲良く暮らす文化の大切さを語ってくださり、感銘を受けた。

二〇一八年一〇月二八日、第一五五回「感動塾――大宇陀の魅力を全感で味わう旅」ではシンギングボウル奏者の空恭子さんに大宇陀の各地を案内していただいたが、参加者の清水正博さんが探し求めていた石門心学の「篤敬舎」の都講の田葉粉屋安兵衛の邸宅が見つかり、古文書を保管されている林真理さんともお話できるという予感が劇的に的中するご縁もいただいた。

生命と風土

樹木、野草、昆虫との出会いもその土地の風土の味、風情がある。

二〇〇七年四月八日、第十七回「感動塾――天地人の結び・惟神《かんながら》遊山《ゆさん》」では元春日大社権宮司の中東弘さんに、春日山原始林の巨大杉を案内していただき、山桜との共演に心打たれた。二〇〇九年七月五日の第四四回「感動塾――生命大界に直に触れる旅」では大杉神社宮司の安達利夫さんの案内で樹齢二千年の縄文杉に登り、お掃除した。

二〇一七年五月二八日、第一三八回「感動塾――ヤマトミツバチは今」ではヤマトミツバチの研究所所長の吉川浩さんの案内で枚岡神社境内のヤマトミツバチの生態に触れた。

以上述べてきたように、お陰様で、「風土」を訪ね、その時、その所、その人ならではの感動の出会いをいただいてきた。今後も天地人間《じんかん》をわくわくと遊泳し、「風土」の魅力を発見し、皆様とその感動を共有し創造するのを楽しみにしている。

使命と余命をかけて

――映画『みとりし』制作

2019年9月より全国公開

日本看取り士会会長

柴田　久美子

しばた　くみこ

島根県出雲市生まれ。

日本マクドナルド株式会社勤務を経てスパゲティー店を自営。平成5年より福岡の特別養護老人ホームの寮母を振り出しに、平成14年に病院のない600人の離島にて、看取りの家を設立。本人の望む自然死で抱きしめて看取る実践を重ねる。

平成22年に活動の拠点を本土に移し、現在は岡山県岡山市で在宅支援活動中。“看取り士”と無償見守りボランティア“エンゼルチーム”による、新たな終末期のモデルを作ろうとしている。また、全国各地に「死の文化」を伝えるために死を語る講演活動を行っている。著書に『いのちの革命』（船井勝仁氏との共著・きれい・ねっと）、『看取り士』（コスモ21）他多数。一般社団法人日本看取り士会会長、一般社団法人なごみの里代表理事、介護支援専門員、元神戸看護専門学校講師。

写真右端（柴田）

主演俳優・榎木孝明さんとの出会い

2007年8月、小さな離島での看取りの家「なごみの里」に一本の電話が入る。

「俳優の榎木孝明と申します。お伺いして、柴田さんと会ってお話しがしたい」

これが榎木孝明さんと私の最初の出会いでした。暑い夏、彼は1人で看取りの家「なごみの里」に来所。

当時ボランティアの皆様も1ヵ月以上経たなければ幸齢者様との面会はお断りしていた。それ程までに見学者もボランティアの方も多かった。

彼は幸齢者の方にお会いするのが目的ではなかった。

「僕は死生観を求めて世界中を回りました。インドはもとよりマチュピチュなどにも行きました。世界中を回りながら、最後に柴田さんの看取りの家に辿り着きました。僕の求めている死生観がここにありました」とおっしゃった。

当初私は短時間の面会で済むかと思っていたが、彼は幸齢者様に出した後の伸びたそうめんを、「召し上がりますか」と尋ねると躊躇なく「いただきます」と食べてくださった。そして延々と時間が過ぎていった。

夕暮れ時、「なごみの里」の玄関先で満足したように彼はこう言った。

「人は死で終わるのではなく命は続くと確信しました」。そしてこうも言われた。

「柴田さん、看取りの現場は尊くてドキュメンタリーでは撮れないでしょうから、看取りの映画を作りましょう。その時は僕が主演をします」

この時から私と榎木さんの心の中にはすでに映像が出来上がっていたのかもしれない。

これからの多死社会をどう解決するのか

２０２５年の日本は、団塊の世代が75歳を超えて後期高齢者となり、国民の３人に１人が65歳以上、５人に１人が75歳以上という、人類が経験したことのない『超・超高齢社会』を迎える。

また、日本の総人口が１億人を超えた頃から死亡数も増え始め、総務省の推計では２０１４年度に約１２７万人まで増加した。

国立社会保障・人口問題研究所の試算によると、２０３０年に年間死亡数は１６０万人を超え、その後２０５０年ごろまで１６０万人台で推移していく見込みである。

死亡者数増加の要因となっているのが、言うまでもなく高齢化の進展。

全死亡者に占める80歳以上の死亡者の割合は、

岡山にて映画制作発表・プレスリリースの日。右から榎木氏、村上氏、筆者、白羽監督

1970年時点では21.0％だったのに対して、2000年時点では78.8％まで占めるようになっている。「高齢者の死」の増加により、日本は今や「多死社会」を迎えつつあると言えるだろう。

この大きな問題をどう解決していくのか。

まず私たち人間は誰もが死に逝く身であると皆様に自覚して頂きたい。そしてこの大きな問題にまっすぐに取り組んでいくために私は映画を作りたいと切に思った。

止むにやまれぬその思いが募ったのは2017年の春頃、榎木さんとの最初の出会いから十年近く過ぎていた。

がんの告知を受けたことも一つの動機

榎木さんから提示された金額は5000万円だった。

この段階では企画者・榎木孝明さん、私とプロデューサーの3人でお金を集めればよいと、業界のことを何も知らない私は安易に思っていた。

まず榎木さんから嶋田プロデューサーを紹介された。彼は誠実でとても素直な方だった。ひと目見ただけでその瞳に映る実直さに私は魅かれた。

嶋田プロデューサーから1人の監督を紹介されたのは木枯らしの吹く寒い冬だった。

古びた喫茶店で私と看取り士の仲間で監督に会った。はにかんだ監督はほとんど会話することはなかった。看取りという神聖な世界観を求めた私は、嶋田プロデューサーに「残念ながら」と伝えた。

監督は降板し、新しい監督を嶋田さんは紹介した。

そして時間がないことから監督が台本を書くという話まで進んでいった。細部の看取りの場面などはともかく、大筋のところは監督を信頼してお任せすることにした。

公開から一年前の2月。契約が進められることとなり制作費5000万円のほかに、広告宣伝費（プロモーション費用）として3000万円、合わせて8000万円が私に請求されることがわかった。

ただの一主婦である私に8000万円という金額はあまりにも膨大で途方にくれた。しかし既に公表してキャストが決まり、後に引くことはできなかった。その金額を受け入れ契約を交わすことは重い石を一人で自分の中に抱きかかえること。大きな不安で食事がとれなくなった。

「借金を背負うことになるからやめなさい」と身近な人々が口を揃えて言った。

「ばかばかしい。どうしてそんなことにお金を使うの」たくさんの非難の声が聞こえてきた。

映画制作を決めたとき、私はがんの告知を受けていた。17年前にも私は喉のがんを手術して危うく一命を救われている。しかし、2回目のこの時は、医療的な治療はしないと決めて、命がけでこの映画制作に取り組んできた。

私の中にあったのはたった一つの願いだった。25年間追い求めてきた私の夢、全ての人が最期に愛されていると感じて旅立てる社会を創ること。

もしこのまま命果てるとしたら、映画という形で想いを遂げたい。私の命、私の人生、私らしく生きていくといつもの強い想いが溢れてきたが、病ある身で体力は明らかに衰えていたし、８０００万円という金額に押しつぶされそうだった。

数日、食事が取れないままに体力はどんどん落ちていき、全国各地への講演会に向かうのもスタッフの支えがないと動けないほど体力は落ちていった。２時間立って話すともう一人で歩くことすら出来なかった。車でスタッフの送迎を受けながら講演会が終わると車の中で体を横たえる。そんな期間がずっと続いた。

ある朝、いつものように小さな仏壇に手を合わせると亡き父母の言葉が聞こえた。

「大丈夫。信じる道を行きなさい」と。

全てを受け入れ、天にお任せしようと覚悟した。

映画製作への支援の輪

看取り士の仲間たちはこの膨大な金額に驚きながらも何とかしようと映画製作実行委員会に立ち上げてくれた。

映画「みとりし」制作応援ページを立ち上げてくれた大橋尚生さん。各地で講演会を開きその収益を映画製作に当ててくれた清水直美さん、西河美智子さん。映画製作実行委員会には私が全く知らない方々からの寄付が振り込まれた。

ちょうどそんな頃に看取りをさせていただいた池本助夫さんからの多額の寄付を頂いた。旅立たれた奥様の御意志とおっしゃった。それでも８０００万円という金額はあまりにも膨大すぎた。映画製作費用という高い壁の前に、悶々とする日々を暮らしながらも、ロケ地選びや撮影の準備は順調に進んでいった。

そんな中で、岡山県高梁市でのロケを強く希望する私の前に岡山水害が立ちはだかった。ロケ隊は

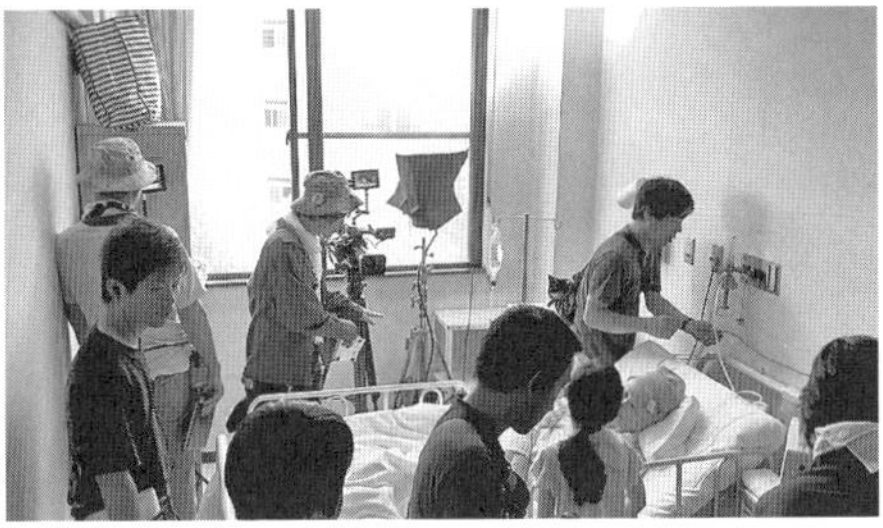

全員神戸で足止めされ、岡山に入ることすらできなかった。我が家の近所でもボートレスキューで救済されるという状況が続いた。そしてロケは中断され関東の近くで再度進めるか話し合われた。

私は、10年以上も吉備国際大学短期大学部の講師をさせて頂いた。そんなご恩のある高梁市の復興の支援ができればと、復旧作業が落ち着くのを待って高梁のロケを再開したのは暑い夏だった。

二人の中国人の方を紹介していただいたのはそんな時だった。

「私達は本物の生き方を探しに日本に来ています。あなたを応援したい」

輝く瞳でそうおっしゃったのは梁正中先生と陳暁麗氏だった。私の講演会にお越しいただき、私の著書も全冊購入していただいた。

映画製作への支援の輪は、神様の計らいかのように進んでいき、2018年12月、製作費用5000万円を支払うことができた。一介の主婦が大きな夢に向かって大きな一歩を踏み出した瞬間でもあった。25年間の夢は多くの方々の善意に支えられて、映画製作という形をとった。


「一番大切な事は、目に見えない」


臨終の前の高鳴る鼓動の中にある静寂で穏やかな時間や、臨終の後にくる長い静寂な世界は、ほとんど動きはない。時間も止まったままの静止画を見るような場面である。

そういう看取り士の世界観を映画で描こうとした時、「動の世界」では表現できない。そしてまたお迎え現象や命のバトンを受け渡しした後の家族の魂のエネルギーの高さ、こうした事象は映画では表現しきれないと監督に言われ、やむなく私は断念した。

映画のストーリー展開にしても、私が製作に入る前に書いていた台本とはずいぶん違っていたが、この映画を通じて多くの人に多死社会に向かっている現状だけでも知ってもらえればそれでよいと観念した。

本来、看取り士の世界は、長い長い静寂の世界の中にある。人の動作、表情、セリフなどで表現をする動画（映画）の中では表現しきれないのも止むをえないことなのだろう。

私の大好きな愛読書の中で、星の王子様は「一番大切な事は、目に見えない」と言った。金色に揺れる麦畑をそよぐ風の心地よさ、かぐわしい一輪のバラの香り、夜空にきらめく五億の星のきらめき。このどれもが映画では表現しきれないものなのだろう。

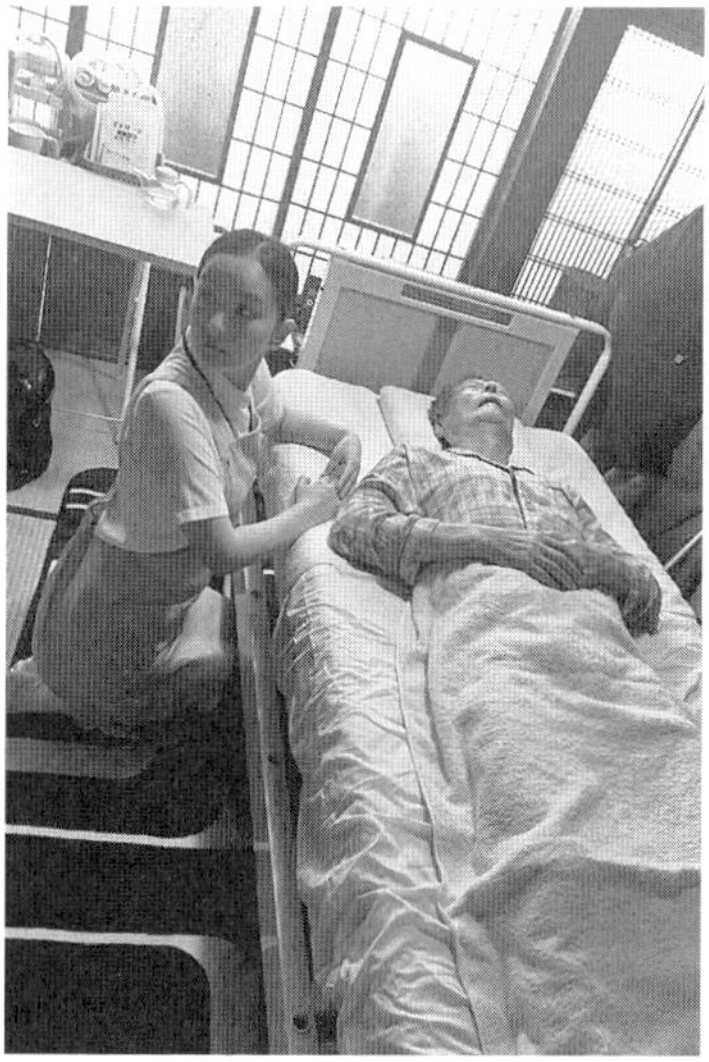

星の王子様の言葉を思い出しながら、正直、私の心の中に有る種のあきらめの心が芽生えたのも事実である。

国会での映画試写会で応援の言葉

数々の山を越えて、映画「みとりし」は完成した。2019年9月から全国の映画館（三十数館）で公開され、その後はDVDも制作される。

映画製作の途中、逢沢一郎衆議院議員との出会いをいただいた。

「2025年問題」の解決に向けてご尽力されていた逢沢先生は、

「ぜひ国会内で『映画みとりし』の試写会をしましょう」とおっしゃられた。そして2019年3月12日、国会での試写会が開催される運びとなった。

衆議院第一議員会館にて『多死社会』に向けての提案事項の提出と共に、映画『みとりし』の試写会。会場では背広姿の多くの男性が、涙を隠しきれないといった様子だった。

映画議連会長という衆議院議員の野田聖子先生にもご挨拶いただき、「この映画を世に出すことを

応援しています」と嬉しいお言葉をいただいた。

また、逢沢先生は試写会のあと、「求められていること必要なことは世に出さなくてはならない。命を継承していく、命のバトンを受け渡す少子化対策の原点はここにあるのかも知れないですね」と暖かい応援の言葉をかけてくださった。

２０２５年問題、この大きな問題を子孫に負債として残してはならない。この国が本当の豊かさを手にするために——。

現在日本は、ＱＯＤ（死の質）は不名誉な世界、第14位。一位は英国、オーストラリア、ニュージーランドと続く。ＱＯＤは真の豊かさの象徴であると私は思っている。

私たち看取り士の夢は、全ての人が最期に愛されていると感じて旅立てる社会を創ること。この夢に向かってこれからも歩き続けます。

お終い

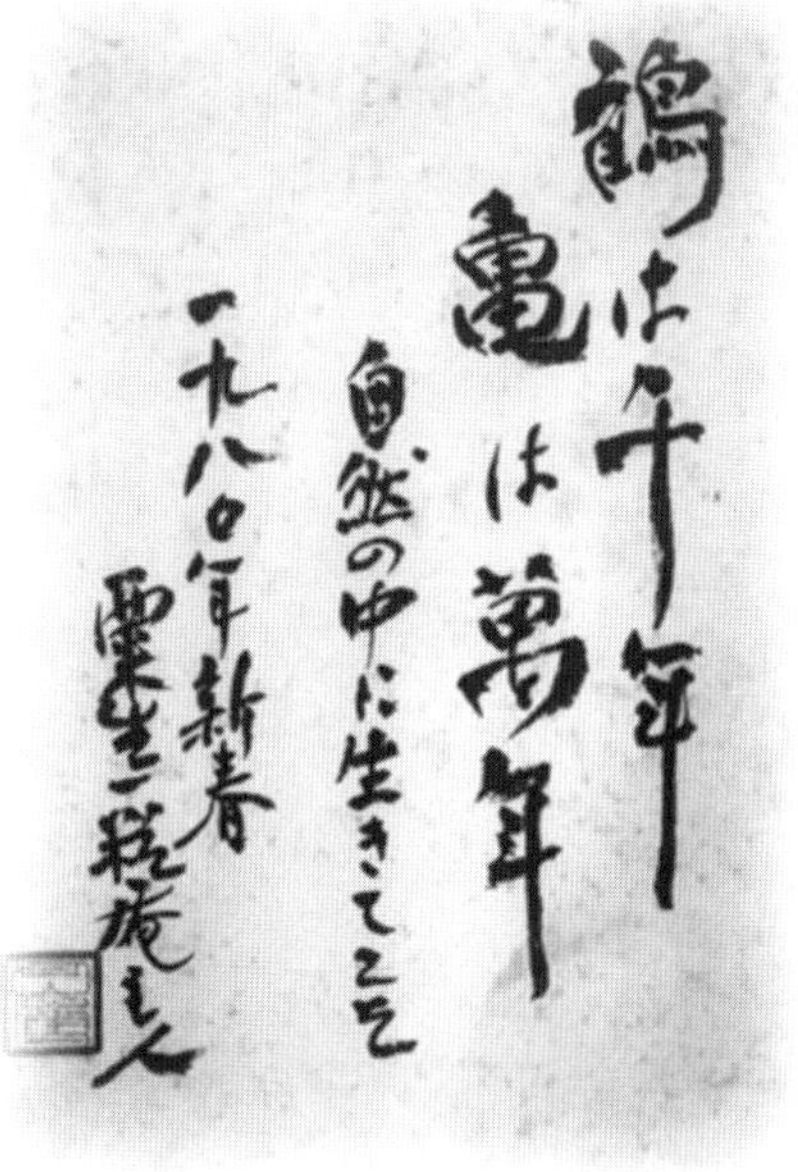

古道の夢

瀬戸　琥太郎

せと　こたろう
1952年京都・美山町に生まれる。

色紙：丸山博書

一

熊野古道は、この吊り橋を渡ると青い山腹につきあたる。跨ぐのは上湯川。湯の湧く川は十津川にそそぎ、十津川は新宮川と合流し、やがて本宮あたりで熊野川と名を変えて、やっとこさ、海に出る。湯はどこまで流れて水になるのやら。

山につきあたると、路は肩幅ほどに狭い、つま先あがりのそば路と石段。いきなり胸突き八丁か。といっても、登り切れば熊野本宮というわけではない。路は山越谷越え、まだまだつづいている。つづら折れの山路はしだいに勾配がきつくなり、要所々に踏み慣らされた自然石が置いてある。曲がり角で一息ついて振り向くと、うすら赤い山桜が新緑に浮かんであちこちに見える。梢のかなたに温泉宿の甍がつどってダムの一角に見える。近くでうぐいすが高音をはる。昨日の宿はどのあたりかとさがしてみるが、めんどうだ。

汗が流れ、息があがり、もうそろそろ尾根に出てもいい頃だと弱気がでた矢先、見上げると畑があらわれた。ぱっと開けた青空に野良着すがたの人がいる。登ってきた坂路が尾根に走る街道と合流したところで、ひよっこり首を出したのである。わたしが首を出すのと、その人がわたしに気付くのは同時であった。

「ようお越し。ちょっとざま、休んでいきなされ。お茶さしあげよ」

婆さんは鍬を畑に残してもんぺの裾をはたくと、むかう先は目と鼻の先の平屋のようだ。うしろ姿の婆さんが踏んで歩く街道は、一間幅もある石畳。黒っぽい自然石がぎっしりと敷き詰めてある。どの石も角が擦り切れて、おだやかな表情で、春日に眠たげだ。いったいどれほど多くの人の足に踏まれて、こうも角がとれて丸くなったのか。山の尾根に、こんな淋しい数軒ばかりが寄り沿う村に、街道とはいえ、こんな立派な道のあるのが意外であった。

婆さんが姿を消した平屋の手前に、半畳ほどに平石で囲った水槽が見えた。覗いてみると、枕ほどもあろう肥えた鯉が三匹、春の陽を浴びて、ところせましと回遊している。鯉はみな目にもあざやかな錦鯉。山の天辺に、こんな見事な鯉が棲んでいるとは、またおどろいた。

街道に面した平屋の長い廊下が、どうやら婆さんの茶が出る所であるらしい。磨かれた廊下の片方は閉めた障子で仕切ってあって、春風の入り込む隙間さえない。汗を拭くさわやかな風が廊下を吹き抜けて、がらんとしている。峠の茶屋ではないらしい。

廊下に腰を下ろすと、街道の向かいに一抱えほどの丸太が台座の上に、横になっていた。丸太を半割にして中をくりぬいた、舟形の水槽である。木肌は湿り、朽ちかけ、青苔に被われたところからして、そうとう古いものとみえる。ひねもす竹筒の水を受けて、涼しい音をあたりに響かせる。柄杓が用意されているから、きっと旅の者への接待であるらしい。柄杓の脇に黄色い野草が一輪、添えてある。

婆さんが出てこなくても、ここに座っているだけで、ありがたい。ぼんやりしていると、世間とつながる糸が、蜘蛛の糸よりか細く感じる。糸が春風に引かれても、こちらから引き戻したいとは思わない。切れれば切れたでいい。蜘蛛の糸は羽となって空を飛ぶというではないか。糸にぶらさがって舞い上がり、山の彼方の新地に下りて、ある日あるとき、おぎゃと生まれてみるのも面白い。

水の音に耳を澄ましていると、背の障子がすーと開いて、

「おそくなりましたな。ちょうど一服しようと思ったところで、あなたがお見えになった」

婆さんはくり抜き盆に二つの湯呑をのせて、わたしの顔を見ずにそう言った。

二

「これはありがとう。さきほど前の水をいただきました。冷たくておいしい」と、わたしは挨拶がわりに水をほめた。

「水はたんとあります。わし一人ではとても飲みきれません」婆さんは人になれた様子で言うと、十草の湯呑をわたしの前に置いた。飲むとスギナの味がした。

小柄で白髪の婆さんの顔はほがらかだ。人を不愉快にさせる険というものがない。霧のたつ山の野菜は旨いというが、婆さんもながらく霧につつまれて、こんなに円やかになったのだろう。山桜それとも牡丹か、琳派の軸を背にして、床に座らせればよく映るだろう。絢爛と古雅が対峙する。豊かに、穏やかな婆さんの尻には、押しも押されもせぬ根っこが生えている。

ここは尾根、朝日が足下に上がり、夕日が足下に沈む。一日が長く日当たりがよい、こんなに高い尾根の天辺に暮らしているわけだから、花は咲き乱れ、人が陽気になるのも道理だ。

「お婆さん、こんな所で、不自由じゃありませんか」と、婆さんの皺の一つもついてみたくなった。

「なんの。困ることなどありません。わしが食べるぐらいのものは、ここで採れます。余れば郵便

屋さんにあげます。配達の車も上がってきます」

「車が？」

「ええ。あなたが登っておいでになった道は、そりゃ昔の古い道です。わしが嫁にきた時分は、もう馬が通るぐらいの道がついとりました。古道の反対側にあります」

宿でもらった地図を見ると、なるほど車道があった。ここは世界遺産の名所なのだ。

「最近、ここを訪ねてくる人が増えたでしょう？」

「はい、晴れると、にぎやかになります。けども、日暮れになると、街道は昔にもどります。侍が通ります。山伏が通ります。それから壺装束の女が通ります」と、婆さんは妙なことを言い出した。

「あははは。それはずっと昔のことじゃありませんか。いくら熊野古道だから、日が暮れたからといっても、やはりここは二十一世紀の今月今日、ですよね」

わたしは老婆を案じる気持ちでそう言ったけれど、婆さんは顔色ひとつ変えない。

「先日も高野から急ぎの男が、ここで茶を飲んでいきました。なんでも家の者が病気で、平癒の願をかけて高野に詣で、これから熊野本宮に参るとか言っておりました」

老婆は真顔で言う。いよいよ怪しくなったと思ったが、話のつづきを聞いてみたくなった。

「高野からと言いますと、そりゃ、けわしい道ですね。だけど、大阪から熊野本宮までの道は、和歌山、田辺を回るよりずっと近い」

「そりゃそうですよ。伯母子岳や三浦峠はとくに骨が折れます。わしも若いときは歩きましたよ。だけど紀伊路から中辺路を回るより、小辺路のほうがずっと早いです」

話のすじが通っている。

「へえ。ここにいると、面白いことがあるもんですね」

「それを楽しみに生きております。さて、ひと仕事やってきます。どうぞ、遊んで帰ってください。日は高いですから」

婆さんはそう言い残して、玄関から出て行った。

三

それから、人気のない街道を歩いてみた。少し歩くと、石畳は森の中に消えて、そこから先は笹を分ける山路になるらしい。そこに行き着くまでに、人の住む家が二軒と、見下ろす斜面に傾いた畑が見えた。雨のたびに土が下へ流され、その土をかき上げる苦労が忍ばれる。また更地になった家の跡が数か所あって、腰の高さほどの積石だけが敷地を囲むように残っている。空地には、風にゆられた春草が、家主の帰りを待っていた。

ほかに見るべきものがないので、わたしは引き返し、婆さんのことばにあまえて廊下を借りることにした。石畳には昼下がりの淡い陽が落ちている。街道には人影がない。いつしか水槽の音さえしじまに埋もれていた。

わたしはごろんと廊下に寝転んだ。軒端に、二間むこうの水槽から投げられた陽炎がうらうらとゆれている。ぼんやり目をやっていると、眠気がさしてきて、陽炎のなか緋鯉が泳いでいるようにも見えた。それもしだいに遠のいた……。

「もし、ここの婆さんはおいでか?」と、後ろから声がかかった。わたしはそのとき、水槽の鯉を覗いていた。振り向くと、旅の男であるらしい。白衣と袴は薄汚れ、ところどころに泥にまみれた裂け目があった。

「先ほどまでここに……どちら様ですか?」と問うと、男は荒い息を吐きながら、「定家といえば分かる」と品のよい老顔、よく通る声で言った。定家と聞いてわたしはどこかで会ったような気がした。思いだしながら、「定家さん。もしや、藤原定家さんでは?」とあてずっぽうに言ってみた。

「おお、こんな山奥で、わたしの名前を。なぜ、ご存じであられるか?」

「そりゃ、有名です。明月記の作者でしょ。今は国宝です。それを読んでお名前を知りました」

正直なところ、わたしは作者を目に浮かべて読んだとは言いにくい、浮気な読者だ。

「有名、国宝、いや、お恥ずかしい。明月記をご存じとは。だれにも内緒で書いた日記じゃ。いつのまに……」

定家はまんざらでもない顔をして、乱れた髪をうしろになでると、

「ところで、見なれぬお主の衣であるが、もしや唐の国のお方かな?」

「いえ。これはその、シャツとズボンであります。時代が……」

「さて? いまは鎌倉の世。ほかに世がありますか?」とまた聞いた。

「えーと。少し待っててください。お婆さんを呼んできますから」と、わたしは定家の好奇心から

逃れたいと、畑に向かって走った。

それから、二人は婆さんの招きで廊下にならび、茶の接待に預かった。

四

「定家さん、お久しぶりじゃ。あなたが前にこられてから、はや六年が経ちましょうか。さぞ、お歌の方でご活躍を……」と言いながら、定家の日に焼けた長い顔をしずしずと見て、湯呑に茶をそそいだ。

「いやいや、最近では咳が止まらぬやら、腰が痛いやら、老いがせまってきました。出世もままなりませぬ」

「お子たちも、大きうなりましょう。何人おいでかな」

「うぅん、二十五人、かな。昨年、二人できました」

「そりゃ、ご執心」と婆さんは目を丸くし、わたしの方を見て笑った。

「お婆さんは元気ようでなにより。鶴は千年、亀は万年、自然の中に生きてこそじゃ。長生きできよう。頼朝さまのご逝去さえ聞こえてこぬとみえる」

「というと今は……一一九九年」

イイクニつくって七年、頼朝の死。一一九二とは鎌倉幕府の成立、七年後が頼朝の死、とわたしはゴロ合わせを思い出した。

「なにか申されたかな？　それからというもの、都はそうぞうしくなってな。盗賊がはびこる、大雨がつづいて洪水は出る。それにひきかえ、お若い上皇さまはますますお元気」定家は筆もまめなら、饒舌でもあった。

「ここかて山賊も出る。大水も出る。天狗も出る。なにが出てもわしには米櫃ひとつ」

「あははは。そりゃ婆さま、天狗に歳をとられたんでそんなに若い」と定家は、歳のわりに若く見えるといいたげだ。

「ところで定家さま。その身の有様、この度はいかがなされた？」と、婆さんは定家の破れた衣に目をやって尋ねた。

「そうであった。実はな、上皇さまが熊野に行幸なさっておる。今ごろは和歌浦あたりであろうか」

定家は声を低くした。

「上皇さまといえば、後鳥羽上皇……」と、わたし。

「はい、四歳で天皇になられ、いまや二十におなりだ。いやはや、その豪遊ぶりといったら大変なものでな。昨日は蹴鞠、夜は白拍子。今日は闘鶏、夜は歌会と、わしゃそのお世話で目が回る。荒馬の背に乗せられたぐあいで。歌を詠むひまもない」

「それにしては子だくさん」と婆さんには遠慮がない。

「あはははは、婆さん。子は世の宝。わしは打ち出の小づち。あははは」と定家は自分の洒落を笑ってみせた。ひとり旅は愉快だ、と言わんばかりだ。

「ところがだね。宮廷では上皇さまのお供をいやがる者が多くて。一度お供をしたものは、もう箇便してくれという。いや、わしもその一人なんじゃが。なぜかって？　上皇さまの熊野詣は、日々のお遊びに油をそそいだ道中。それが往復、二十日もつづく。お供は疲労困憊。わしは旅の気分で歌を作るどころではない。行く先々で東奔西走。しかし上皇さまはそれでいて、歌をいくつもお詠みになる。まことに恐ろしい超人じゃ」

定家は一気に喋ると、ここで一息おいた。わたしも婆さんも、都の話にこくこくと頷くばかり。婆さんは胸につかえたものが気になってか、

「それはそれは、宮仕えはご苦労なこと。で、この度は……」とふたたび聞いた。

「そうであった」と定家は膝をポンと打った。

「わしは熊野に先行ということになっての。淀川を下って浪花に着いたところで一行と別れた。それから一人で高野から小辺路に入って、ようやくここまで来た、というわけじゃ」

わたしは先行と聞いて、定家の行く先に興味が湧いた。明月記にはこんな記録はなかったように思う。それで、

「先行、とおっしゃいましたが、なにかお急ぎの用でも?」と聞いたとき、定家は細い指でわたしの湯呑を釣り上げた。

「そ、それは……」

「おっ、これは失敬……先行といっても、常のことでな。明日の予定をたて、一足先に現地について宿や食事の手配。この度は総勢、五百人。お神楽の準備、王子社での奉幣、それから、ときには琵琶法師や白拍子まで呼ばねばならん。上皇さまのお楽しみは……」

「一足先に、ってことですね。熊野に着いてから、どうなさいます?」とわたしはまた聞いた。

「熊野に着くと、本宮の宮司に会う。そこで一行が着く前に、いろいろと相談せねばならん」

「と言いますと？」

「それは内密にしておる。上皇さまもご存じない」とつぜん、定家は宮使いの口調になった。婆さんが仲に入って仕切りなおした。

「よろしい、よろしい。お国の秘密じゃのう。それだけ定家さんはご出世なされたわけじゃ」

「いやいや。わしは世渡りがへたくそじゃ。まして世の中が鎌倉でうごいとる。歌より太刀がものいう世になった。宮の台所もきびしくなる一方で……」

茶をすすって、定家は話をつづけた。

「それで、この時勢をお汲み取りねがって、奉幣料はこれまでのようには致しかねますと頭を下げて。まあ、そんなところじゃな。そろそろ発たねばならん。お婆さん、今から三軒茶屋まで歩けるかの？」

「そりゃ、大峰の天狗でないととてもとても。峠を越えて山を下りる頃に、日が暮れよう」

「八木あたりで宿を借りるとしようか。婆さん、達者でくらせよ」

定家はそう言うと、やおら細い身を立て、竹杖を櫓のようにあつかって、ゆるりゆるりと街道に漕ぎ出した。

五

「ここにいると面白いことがある……それを楽しみに生きている」と、老婆は言った。熊野古道は、今も昔もさまざまな人が往来し、偶然の出会いがあり、別れがある。婆さんは幾年の昔から今日の白髪に至るまで、どれほど多くの人と出会い、もてなし、見送ったことだろう。

古道の昔と今は、たとえて言えば、たて糸と横糸で織り成った一帯の織物と言えまいか。横糸はたて糸をくぐり、交差しながら通される。かたんかたんと織り込まれるたて横二本の糸は交わって錦模様となる。

歴史という大雑把な心象からはなれ、こころ静かに耳を澄ませば延々と、織物は京から熊野まで敷かれている。さらにいえば、千数百年にわたり、有名無名、老若男女の足で敷石がすり減るほど踏みしめられた古道には、無量無数の魂が往来している、といっても過言ではあるまい。ときに、ある魂は当時の衣装で姿をあらわし、老婆に語りかけ、白昼の夢にさえあらわれる。いにしえの魂は、歴史の深みから、こころ空しく耳よせる者の魂に呼応して、あらわれる。

世にこれほど面白いことがほかにあろうか。

おわり

恩返しとしてのボランティア

相馬　あつし

そうま　あつし
大阪府出身。少年時代から旅好きで、鉄道と自転車で全国各地を1人旅していた。23歳の時にはバイクで４ヶ月かけてオーストラリア１周も。田舎暮らしに憧れて1995年より富山県南砺市に住む。趣味は自転車・バイク・登山・キャンプ・スキー・カヤック・マラソン・空手に日曜大工と多数。四季を存分に楽しむのが好きである。本業は電気工事作業員。

写真：陸前高田の奇跡の一本松、レプリカになる前の原木

「ボランティア元年」のその日

1995年1月17日、その時私は大学生で大阪府寝屋川市の学校近くの木造オンボロアパートに下宿していた。まだ外も暗い早朝5時46分、布団の中で眠っていると頭に衝撃を感じて目が覚めた。鴨居の上に飾ってあった写真パネルが地震で落下して頭に当たったのだった。

これまでにも旅行先などで地震は経験したことがあったが、これまではほんの一瞬揺れただけだったのに対して、この日の地震は「あっ、これは地震や、1階に居たら崩壊した建物に潰される、早く外に出なければ」と考える時間があるくらい大きく長く揺れ続けた。時間にしてどれくらいかは覚えていないが、とにかく長く感じた。

揺れが収まったあと、すぐにテレビをつけてニュースを聞いていたが、時間が経つにつれて発表される死傷者の数がどんどん増えていき、「いったいどこまで増えるんだろう、どれほどの被害が出ているんだろう」と。あまりにも被害が甚大で、その概要を知るまでにはずいぶん時間がかかることとなった。

地震発生当日、大学の同期から電話がかかってきた。携帯電話など普及していない時代で部屋にある固定電話にである。聞くと「神戸市長田区にある両親が住む実家が甚大な被害を受けているので助けて欲しい」と。

阪神間の交通網は壊滅状態で、鉄道は利用不可、自力で行くしかないが道路も緊急車両だけでなく被災地へ助けに行こうとする一般車両で大渋滞というか停滞、普段は車で1時間のところを8時間とか10時間もかかる悲惨な状況のようである。

ここでバイクの機動力が存分に発揮される。私はバイクを2台所有しており、そのうちの1台がオフロードバイク。バイクなら車の隙間をぬって少しでも進めるし、歩道や中央分離帯の植え込みを走ったりもできた。本来は違反だがそんなことを言っている場合ではない。登山用の大型リュックに水と食料、キャンプ用のコンロやランタンを詰めて友人と2人乗りでいざ神戸市へ。

予想通り国道2号線の車はまったく動いておらず、主に歩道を走り続ける。歩道にも電柱が倒れていたり、崩落した屋根瓦が散乱していたり、橋の部分では桁がずれて大きな段差ができていたりしたがそこはオフロードバイクの強みで次々と乗り越えていった。大阪市内からおよそ3時間で神戸市長田区へ到着、まずは友人のご両親の無事を確認し、持って行った支援物資をお渡しした。特定個人の支援に動いたもので、これはボランティアとは言えないかもしれないが、無償で自分の時間やお金、体力などを提供して困っている人を助けるという点ではボランティアと言えないこともないか。

その数日後、今度は本来のボランティア活動をすることとなる。被災者の大きく傷ついた心のケアをする、臨床心理士のカウンセリングの案内チラシを配ることだった。ここでもバイクが大活躍でたくさんのチラシを持って被災者が大勢いる避難所を巡り、チラシを配っていった。

この阪神淡路大震災が「ボランティア元年」と言われているが、阪神淡路大震災でそう言われるようになったのは、被災地が大都会で多くの被災者が出た上に、報道によってボランティアの様子が全国的に知られるようになったからではないだろうか。

「いつまでも住んでいるんだ?」

日本は昔から自然災害のとても多い国である。地震・津波・火山噴火・台風・豪雨などによる水害・土砂災害・異常気象による大凶作など。文献として記録に残るものでも古くは西暦864年に富士山が噴火した貞観噴火、その5年後には貞観地震が発生して大津波による甚大な被害が発生している。それ以前にもおそらく何度も大きな災害に見舞われてきているであろう。江戸時代以降は文献だけでなく、大きな被害が出た様子を絵に描いて残されている記録も多数あり当時の様子を知ることができる。そのあたりは『絵図で読み解く日本の天災史』（別冊宝島）が詳しい。

かつてオーストラリアに留学していた時、現地の友人から「どうして日本人は地震や台風などあんなに災害の多いところにいつまでも住んでいるんだ？　はやく災害の少ない国へ移住すればいいのに」と言われたことがあった。これまでそんな発想はこれっぽっちも頭に浮かんだことがなかったので非常に新鮮で刺激的な発想だった。さすが移住者の国オーストラリアと言うところか。確かに日本に比べるとまだ自然災害の少ない国というのもあると思うが、だからと言ってそうそう簡単に移住できるものでもない。

1人の人間が人生の中で大災害の被災者になるのは多くても1度か2度くらいかもしれないが、長い歴史の中でこれまで日本人は何度も何度も未曾有の大きな天災に襲われ、だからと言って災害を避けて外国へ移住するわけでもなく、努力と忍耐でこの地に根を張って生きてきたのだと思う。住居やインフラなどが壊滅的被害を受けてもみんなで協力し、助け合って復興を成し遂げてきた歴史が今の日本人の我慢強さや助け合い精神・道徳心を育んできたのかもしれない。

ごく当たり前のこと

阪神大震災の後、私は主に災害ボランティアに従事するようになった。平成23年の東日本大震災で福島と岩手。平成26年豪雪では山梨で除雪作業。平成28年熊本地震。平成30年7月の西日本豪雨災害で岡山と岐阜など。

災害ボランティアには全国各地からやってきて、遠方から来ているがために宿泊を伴う人も多数いる。ボランティアセンターによってはそういう人達のために公共の建物の1室や、青少年の家などを開放して宿泊をさせてもらえるところもある（寝具はないので寝袋持参）。

活動を終えた夜になると一緒に夕食を取ったり、これまでのボランティア活動の経験談を話し合ったりするのもなかなか充実した時間だ。

初めてのボランティアだった阪神淡路大震災の時はなぜ自分がボランティアに行くのかということは考えることもなかったが、年を取るに連れていろんなことを思うようになった。ボランティアとは助け合いの精神であり、余裕のある人が余裕のない人を助けるというごく当たり前のことである。

例えば生活保護制度、不正に受け取っている人は論外だがほとんどはやむなくその制度を利用せざるを得ない人達だと思う。毎日衣食住に困らず、安定した日々を過ごせるのが当たり前ではないのだ。もしかしたら歩いている所に車が突っ込んできて大怪我をするかもしれない。もしかしたら突然通り魔に襲われて重傷を負うかもしれない。もしかしたら急にガンや脳梗塞になり働けなくなってしまうかもしれない。地震や台風の被災者も同じことである。自分には何の責任も非もないのにある日突然安定した日常を奪われてしまう。日々安定した生活が出来ている人はその人が頑張ったからではなく、たまたまこれまで運がよかっただけである。たまたま運良く普通に生活をしている人が、たまたま運悪く窮地に陥ってしまった人達を助けてあげようと言うのが生活保護の根本であり、災害ボランティアもそのような思考を持った人が多いのではないだろうか。

事実、これまで何度も災害ボランティアに行ってきたが、現地で会ったボランティアの人達はみなさん顔に曇りがない。災害ボランティアに行くには時間もお金もかかるが経済的な面は二の次で、日々の生活に心の余裕がある人でないとなかなか行動に移せない。自分はＳＮＳも利用していて災害ボランティアに行った時の様子も投稿しているが、それを見て「自分も行こう」と行動に移す人はほとんどいない。災害ボランティアに行く人と言うのは、かなり少数派の変わり者（いい意味で）なのだろうか。

ＪＲ大船渡線鹿折唐桑駅（2012年3月撮影）

ボランティアの思いは？

災害ボランティアに来る人達はどんな人か……。

男女の割合で言うと９割くらい、ほとんど男性である。災害ボランティアの業務はガレキの撤去や家具の搬出、泥の掻き出しなど肉体労働が多いからかと思われる。しかし災害ボランティアの作業と言うのは従事する人の能力に応じてできる範囲でやればよく、汚れた家具や建具の清掃、ガレキの仕分けなど腕力を必要としない作業も結構あり女性でも行けば必ず役に立てることを多くの人に知ってもらいたい。

年齢層で見ると若者よりも高齢者の割合が多い。若い世代は今を生きていくのに一生懸命で、高い交通費と時間をかけて災害ボランティアに行く余裕がないからだろうか。30代・40代の参加者は独身者の割合が多い。子育て世代はやはり家族サービスも必要で時間とお金のどちらか、あるいは両方の余裕があまりないからかしら。そんな理由もあって定年後の生活をしている60代の男性は結構多い。また、年齢に関わらず友達と一緒とかグループ参加ではなく1人で来ている人がほとんどだ。

職業別で見ると、普段作業服を着て仕事をしている人の割合が多い。災害ボランティアへ行くとなると、ヘルメットに手袋・長靴にマスクや合羽などが必要だが、ブルーカラーの人達は普段から使っているものを持って行けばいいのに比べて、ホワイトカラーの人達は全部新たに用意しなければなら

右の写真と同じ場所、同じアングルで（2017年3月撮影）

ない。あとは体力の都合か。

２０１８年7月の西日本豪雨では岡山県・広島県・愛媛県だけでなく、岐阜県・京都府・兵庫県など広範囲に渡って水害が発生し、各地でボランティアセンターが開設されていたが、その年は記録的猛暑で連日35度を超えていた。そんな中で泥の掻き出しやガレキの搬出などのなかなかハードな肉体労働をするわけで、普段空調の効いたところで仕事をしている人達にとっては相当難易度が高かったはずである。

他には定年後の年金暮らしで、全国各地の災害ボランティアセンターの宿泊所を利用して1年のほとんどをそこで過ごしている人もいた。本職が競艇選手で災害ボランティアに従事するために建設重機の資格を取った人や、ボランティアに必要な装備を現地に預け、週末ごとに東京から飛行機で現地入りしている人、など多種多様である。

平均的に見て年長者が多いのは、人生の経験を重ねていくうちにその人の幸せの閾値《しきいち》が広がってきたからではないかと思う。季節に応じて暑さ寒さをしのげる衣服があり、雨風がしのげるところで寝起きでき、日々空腹で飢えることなく食べ物にありつけるだけで十分幸せ、つまり衣食住に困っていないだけで十分幸せと思える人である。

また、人生を積み重ねていくとこれまでたくさんの人にお世話になったと言う思いも生まれてきて、そういう思いを強く感じる人は「これまでお世話になった分、これからは世間にお返しして行こう」と言う気持になる。自分自身、子供の頃から1人旅をしていて全国各地でそれはもう数え切れないほど多くの人にお世話になってきた。その場限りの出会いなので今からお礼を言うこともお返しをすることもできないが、その恩を世間にお返ししていこうと言う思いがボランティアの原動力になっている。

不思議な縁

災害ボランティアへ行くと不思議な縁を感じることが多い。平成28年の熊本地震の災害ボランティアへ行った時、「見覚えの有る顔やなぁ」と思って話しかけてみると、平成23年の東日本大震災の時にも同じボランティアセンターで活動していた大阪在住の人だったり、熊本へは3月と5月の2回ボランティアへ行ったのだが、3月に一緒に活動した広島の方と5月にも偶然一緒になったり。

他にも不思議に感じることがある。それは災害ボランティアへ来る人は大抵は単独での参加者で、ボランティアセンターから派遣される先には3人から多い時は20人くらいで1グループとなって行くのだが、その日初めて顔を合わせた者同士ばかりなのにまるで何年も一緒にチームプレーをしているかのような素晴らしい連携が即座にできることである。自発的に役割分担が整い、それぞれが自分の得意な所を活かしてお互いフォローしあいながら力を発揮している。これは本当に気持ちが良い。

平成30年7月の西日本豪雨では岐阜県でも大きな被害が出ていてそこへボランティアに行った時のこと。中学生の娘さんとお父さんの親子がいて、たまたま自分の車に一緒に乗り合わせて被災者宅へ往復することになったので、道中でいろんな話をしていた。帰りの車中で娘さんに「ボランティア活動してみてどうやった？」って尋ねると「疲れました」と。中学生らしい素直な感想だ。

その日は気温38度の猛暑日で本当にみんなフラフラでよく頑張った。

私も長男・次男が中2・小5の時に東日本大震災の災害ボランティアに連れて行ったことがある。

テレビで見るのと実際に現地で見るのとで感じることが全然違うのでは……と思ってのこと。で、ウチの子供達にボランティア作業を終えた後の感想を尋ねるとやはり「疲れた」でした(笑)。

各地の災害で自分の意志ではなく、親に連れられてきてボランティア作業に従事した子供達もたくさんいると思うが、大人になってその時を振り返った時にその経験を存分にプラスに活かしてくれればと思う。

陸前高田の奇跡の一本松でレプリカになる前の原木。木の袂には花束が置かれ、立て札には「一本松のお願い『少し休みます　枯れても切らないでね　変わったかたちで甦りますから』」と書かれています。

受け入れ側の体制

近年立て続けに日本各地で自然災害が起き、災害ボランティアと言う言葉も多くの人に知られるようになると同時にボランティア従事者も増えてきているようだ。しかしここで問題なのは、受け入れる側の体制である。ボランティアに行こうとする人は気力体力満々で「どこでも何でもやります」と言う人が来るわけだが、ボランティア保険への加入や災害ボランティアの経験の有無の確認、建設・建築関係の仕事の方はその能力を活かせる現場への振り分け、軽トラックや乗り合わせの車を出せる人の確認、泥かき用のスコップや鍬の持参者の数の確認の他、熱中症対策や怪我防止などそこでのボランティア活動に対する注意事項の説明などなど。

朝から何百人とやって来るボランティア従事者を3人や5人、10人などのグループに分けて適合する被災者宅へ流れ作業でマッチングさせるのはかなりの慣れと経験が必要だろう。

近年自然災害が多数発生してボランティアセンターも各地で立ち上げられているせいか、受け入れ側の経験者も増えて、初めてボランティアセンターを立ち上げる自治体には全国各地の自治体からボランティアセンター運営の経験者が派遣されたりもしているようである。

災害ボランティアでもう一つ自分が気になっていることがある。それは被害は甚大だがボランティアの受け入れを「県内在住者に限る」とする自治体が結構多いことである。理由は、地域全体が顔見知りのような農村部に大勢の見知らぬ人達がやってくることへの治安に対する不安、ボランティアが集中して交通渋滞が起きることへの懸念と、宿泊施設がないことが大きな理由のようだ。しかしながらボランティアの手を必要としている被災者は多数いるはずで、ボランティア希望者は被害の少ない隣町などへ誘導し、そこから被災地へ派

遣するなどの工夫でなんとか需要と供給のバランスを調整できればと思う。

「いつか」を「今」に

２０１８年の夏、３日間行方不明だった2歳児がボランティアの男性に無事に発見された出来事が大々的に報道され「スーパーボランティア」と言う言葉が流行語大賞にノミネートされるほど世間に広まった。さらには２０１８年の世相を表す今年の漢字が「災」である。ますます災害ボランティアの認知度が高まったのではないだろうか。

本当は災害ボランティアが活躍する場などないにこしたことないのだが、なぜか年々地震や台風などの自然災害が増えていっている。地球全体で異変が起きているのかしら。これればかりは人間の力ではどうしようもないが、これからも自分が役に立てる場面があれば少しでも力になれればと思う。1度でもボランティアに参加すると次回以降の参加のハードルが格段に下がるので「いつかボランティアに参加したい」と思っている方はその「いつか」を「今」に変えていただければ幸いである。

修復作業が進む熊本城　2017年3月撮影

16歳からの起業塾

谷岡樹

たにおか　たつき
1970年生　奈良県出身
立命館大学経営学部卒
株式会社八戸ノ里ドライビングスクール　代表取締役
(一社)関西ニュービジネス協議会　副会長
2018年中小企業庁「創業機運醸成賞」受賞「16歳からの起業塾」
講師として約3000人の高校生に起業の魅力を語ってきた。
「16歳からの起業塾」(どりむ社) 2018年12月出版

宇宙服を着た若者が多くの記者に囲まれてはにかみながらインタビューにこう応えた。

「高校生の時、学校である授業を受けたんですよ。あの授業を受けていなければ今の僕はないですね。夢を叶えるきっかけにその時出会ったんです」

はじめに

日本の大学生に「あなたは自分がこれから将来開業して新しいビジネスを経営する能力があると思いますか？」と言う質問を投げかけて手が上がるのは100人に約3人程度であるらしい。これは欧米の大学生に同じ質問をした場合の5分の1であるという調査データがあります。日本の若者はどうして自ら業を起こすことにこれほど消極的なのだろうか。この答えを見つけ出すことが出来れば、閉塞感漂う日本の未来に希望が見出せるのではないだろうか。

私たち関西ニュービジネス協議会は2016年から「16歳の起業塾」という高校への出前授業をはじめました。すでに定期的な「創業スクール」の開催等、多くの起業希望者を対象に実績がある団体でしたが、2014年に当協会の会長に就任した小松会長の発案により起業、創業に関心があるターゲットから、起業にまったく関心のない若者に対して起業の魅力を伝える活動にシフトすることになったのです。高校の教室に会員（経営者）が直接出向き、起業のおもしろさを約4000人の高校生に授業として伝えてきました。その結果2018年2月中小企業庁より「創業機運醸成賞」を受賞することができました。

将来の起業なんて考えたこともなかった高校生が、授業を受けたあとのアンケートで6割以上が起業に関心を持ってくれるようになる魔法の授業。本書ではその一部を紹介したいと思います。

君たちはめちゃくちゃツイてる！

体育の後の時間だったこともあり廊下から急いで教室に駆け込んでくる生徒も見受けられる。今からはじまるのは「16歳からの起業塾」耳慣れないどころか、聞いたこともない授業である。教壇には見たこともない先生がノートパソコンを広げて立っている。「体育の後だし少し居眠りできる時間になるかも……」そんなことを考えている生徒も少なくない。

「みんなこんにちは！　関西ニュービジネス協議会から来ました谷岡です。今日はよろしくお願いします！」

やたらと元気のええおっちゃんだ。おっちゃんは東大阪市で自動車教習所の社長をしているらしい。

「東大阪市って知ってる人手を挙げて」いきなりの質問だ。2、3人の手が挙がる。

「おっ！　すごいやん。東大阪で何が有名？」手を挙げた生徒におっちゃんはまた質問を投げかけた。（今日は手を挙げない方が良さそうだ）。

「えーーーわからへん」と答える生徒。

「そりゃそうやな、ならこれはわかるかな？」スライドに競技場のような施設が映し出される。「これ何の競技場かわかるかな？」また別の生徒を指さす。「わかったサッカー！」「おしいなーーー、わかる人」「ラグビー場」「大正解！　拍手！」答えた生徒は恥ずかしそうに照れ笑いを浮かべている。

「これは花園ラグビー場。高校野球の全国大会は甲子園やろ。高校ラグビーの全国大会は東大阪花園ラグビー場で毎年あるんやで」おっちゃんは自慢げに説明を加える。

「実はこの花園ラグビー場、最近改装してめちゃくちゃきれいになったんやけど、その理由知ってる人いてるかな？」

また質問である。

「ワールドカップやろ」いかにも運動部らしい男子生徒が声をだす。

「そう！　君よー知ってるな！　何部？」おっちゃんは大喜びである。周りの生徒が「サッカー部」と声を上げる。「なんやラグビー部違うんか」とおっつちゃんの突っ込みにまた笑いが起きる。

「来年はラグビーワールドカップが日本で開催されるんやで。ワールドカップって一生に一回しか生で観戦できないと思うで！　来年の9月は東大阪に来てや！」いったいこれは何の授業なんだろうか？

実はこのやり取り、漫才でいう「つかみ」という手段である。テーマは何でもいいのですが、この授業は講義を一方的にするのではなく、生徒とのやり取りを大切にしています。そもそも興味のない話を聞かせるわけなので退屈しないように、講師陣は出来るだけ質問を投げかけて、生徒を授業に参加させることを最初から意識して授業をすすめていくようにします。

「では本題にはいりますよ」ラグビー場からスライドが変わる。ネットのニュース記事が映し出される。

「これは先週の読売新聞の一面になった記事です。新聞だと文字が小さいのでネット記事のコピーをみんなには見てもらっています」

そこには「東京23区から移住し起業　３００万円補助」と見出しが書かれている。おっちゃんはスライドを指さしながら「来年から東京に住んでる人は、地方で起業したら３００万円あげますよという記事です。ずるないか?東京の人だけ」との問いかけに「ずるい!」と声が飛ぶ。「そやろ、東京の人だけずるいよな、でもこの記事をみんなに見てもらったのは東京の人がずるいという話をするためやないねん、なんで国はこんな政策を発表したんやろ」また質問である。

「東京に人が集まりすぎるからですか」マイクを向けられた生徒が自信なさげに答える。

「そうそう、それなんや。今日本は一極集中といって、東京ばっかりに人や大学や会社が集まっていることが大問題になってるんや」

「そうか東京にばっかり会社が出来たら僕ら働くとこなくなるな」

「君、頭ええな。その通り、だから国は東京から出て行ってくれたらお金までくれる政策を考えているんやね」それが何か自分達に関係あるのか不思議な顔をしている生徒もいる。

「みんなにわかって欲しいのは、東京に人が集まりすぎているのが今の日本の問題であること。そして国や地方自治体は出来たら東京よりも会社を立ち上げるなら自分たちのまちで起業して欲しいと思ってるわけや」

もっと簡単に言うと「東京以外で起業するのは大チャンスのタイミングやということ。補助金や助成金という名目で起業したいと思っている人をすごく応援してくれる。そして、出来たら若い人にチャンスをもっとあげたいというのが今の日本の考えていること、つまりここに座っている君たちのことやで！」おっちゃんの声のトーンは一段と上がった。

次のスライドには棒グラフが映し出された。

「この棒グラフは日本の中小企業の数の移り変わりが表されています。これを見てわかるように中小企業はどんどん減っていっていることがわかるね」

「みんなテストに出るからこの数字だけは覚えて帰ってね。99.7」メモを取る生徒もいるがもちろん起業塾にテストなんかない。いったい何の数字なんだろうか。

「この数字は日本の会社の中小企業の割合や、つまりみんながよく知っている大企業、例えばトヨタやパナソニック、サントリーという社員が何万人もいる会社はたった0.3パーセントしかないんや」それがいったいどうしたんだろうか。「つまり、君たちも何年かして社会に出たら中小企業に就職する可能性が高いということ、だって世の中の会社のほとんどは中小企業だから」そう言われてみればその通りだ。

「では、このままどんどん日本の中小企業が減っていったら、何か困ることってあるかな?」また質問である。おっちゃんはスタスタと教室の後ろまで歩いていって、今度は一番後ろに座っている生徒にマイクが向けられる。「大企業が作って欲しい部品やパーツが作れなくなるから大企業が困るからですか……」

「大正解! 拍手!」

「その通り! 例えば、自動車を作るためには3万個以上の部品が必要だと言われています、その部品一つ一つは小さな町の工場で作られています。その工場や会社の数がどんどん減っていったら自動車が完成しなくなるよね。これは問題だ」

「他にないかな、国が困ること」また生徒にマイクを向ける。

「国ですか？　うーーんわかりません」

「そりゃそうやね考えたことないもんな」意外にこのおっちゃん先生はやさしそうだ。「会社は利益を出したら国に税金を払わなければなりません、会社がどんどん減っていくということは？」

「あっそうか、税金が減っていく」

「大正解！　拍手！」

「日本を支えている中小企業の数がこのまま減っていくのは国が一番困るんや、だから国は会社を潰れないように援助したり、新しい会社を立ち上げようとしている人を今猛烈に応援している」さっきの話となんだか繋がったような気がする。会社の数増やさないと日本の国が衰退していくのだ。


「クラウドファンディング」という文字がスライドに映し出された。


「この言葉知ってる人いてるかな？」パラパラと手が挙がる。「すごいな！　さすが○○高校」手を挙げた生徒にさっと近づきマイクを向ける。

「時間がないから30秒で説明して」

「インターネットでお金を集めること」

「5秒で説明できたね！　天才やわ！　拍手！」もう何回この授業で拍手しているのだろうか。答えた生徒も照れ笑いを浮かべている。『ＭＡＫＵＡＫＥ』というクラウドファンディングの会社のページを写しますね」。画面には美味しそうな料理が映し出された。

「このお店は店名、場所非公開の会員制で二つ星シェフがあなたのためだけに作るコース料理を出すレストラン」「目標額は300万円だったんだけど、この数字すごくない？」画面には2千465万円と大きく書かれている、ましてやまだ締め切りまで68日も残っている。

「もし、この中にカフェでもパン屋さんでもラーメン屋さんでもいいから将来飲食業をやってみたいと思っている人がいるなら、想像してみて欲しい。オープン前から1年間ずっと予約が詰まっていている状態。こんなお店やってみたくないですか？」ウンウンと首を縦に動かす生徒もいる。

「これはインターネットが普通にある世界だからできる話です。もちろん料理を作る技術は必要だけれども、君たちの持っているスマホがあればインターネットと繋がっているよね」「そこで問題」また質問である。

「このクラウドファンディングで国内最高額1億2800万円集めた商品って何だと思う？」横に座っている友達と話し合う生徒もいる。

「ゲーム」「コンピューター」「飛行機」「ドローン」いろいろな答えが飛び出す。

「正解はこれ」スクリーンには自転車が映し出される。一瞬教室が静まりかえる。

「折りたたみで電動自転車、さらにヘルメットをかぶれば原付にもなる」予想外の答えにみんな驚いたようだ。

「実は関西ニュービジネス協議会の会員さんの会社です。和歌山の小さな会社で自転車を作る技術はあるけれども、それを売る方法がない」「そこでクラウドファンディングで募集をかけたら1億2800万円集まって今休みなしで製造されています」なんだか夢のような話だ。

「それだけじゃなくて、この数字を見たオートバックスという会社が飛んできて、是非全国のオートバックスで売らせてください。とお願いに来たらしいよ」さっきまで教室を隅から隅まで動き回っていたおっちゃんは教壇に戻った。


スライドには「働き方改革?」という文字が映し出されている。「この言葉、ニュースで聞いたことあるよね」「これからの働き方を大きく変えていこうと政府が今一番力を入れている政策です。簡単にいうと残業や休日出勤を少なくして仕事以外の時間を作りましょう。ということです」

「その時間を遊びや趣味に使うのもいいよね。でもこの余った時間に副業をしてもいいと認めてくれる会社が増えてくるのが、働き方改革の一つの利点です」

「つまり会社に就職しながら起業するのが普通の時代がやってくるということ」「おっちゃんは今48歳です。おっちゃんが高校生の頃、インターネットもなかった。携帯電話もなかったな。会社に入ったら副業なんか絶対禁止。国が起業のためにお金を出してくれるなんて、聞いたこともなかった。起業するためのお金は、銀行に行って借りるのが普通。さらに、お金を借りるためには担保と言って、土地や家といった保証を差し出さないといけない。つまり失敗すれば住むところがなくなるわけや」

「君たちは、人が集まりすぎている東京に住んでいなくて、国や地方自治体が起業を応援してくれていて、インターネットが水道水のように使えて、働き方改革がやってくる」

「おっちゃんは、そんな君たちにこの言葉を伝えにきたんだよ」スライドには大きくこう書かれている。「君たちはめちゃくちゃツイている‼」「このチャンスをひろげるために、今から起業塾を開講します！」

起業に興味のない生徒たちを「もしかしたら自分もやればできるかもしれない」という気持ちにするのが、私たちの授業で一番大切にしていることです。この後の授業の内容については関西ニュービジネス協議会著「16歳からの起業塾」（どりむ出版）にて詳しく紹介していますが、これから大学に進学を希望している生徒も、就職を希望している生徒も、自分たちの将来の進路に「起業」という文字が入ってくれさえすれば勉強の仕方や、社会への接し方、モノの見方が変わるはずです。これが私たちの取り組んでいる「起業意識醸成運動」の一コマです。

冒頭に描いたように、このたった50分の授業をきっかけに関西から日本を代表する起業家が出てきてくれたら望外の喜びです。

能楽は地域に根付いた芸能

辻屋忠司

つじや　ただし
大阪市旭区在住
昭和32年　大阪市で出生
昭和50年　近畿大学商経学部入学
　　　　　文化会能楽部で活動
昭和54年　近畿大学商経学部卒業

写真：稲畑式三番叟（奴々伎神社　2006年秋）

はじめに

私の祖母は大阪島之内の商家に女中奉公しており、その商家に出入りしていた看板屋さんが謡曲の先生であったことからその縁で、祖父・伯母・両親・叔父まで謡曲を嗜《たしな》むことが出来ました。謡曲の先生といっても専門家の能楽師ではなく、職業を持っている人が、プロに弟子入りして謡曲・仕舞を教えることが許され、能楽師に対して謡曲師（レッスンプロ）と呼ばれるそうです。本業ではないのでボランティアで近隣・地域の人々が謡曲を手軽に習える場がかつては多くありました。

私は大学に入学して詩吟部に憧れクラブ案内を見ておりますと「能楽部」という部が目に留まりました。父に「（意外にも）こんなクラブもあるのだなあ」と見せると「同じするなら能楽がよい。社会に出てから必ず違いは分かるから」との言葉がきっかけで能楽部の門を叩くこととなりました。父の言ったことは本当でした。現に「能楽（謡曲）をしています」と言うと必ず一目を置かれます。現実、能楽師に習うには経済的にも余裕がいります。にもかかわらず庶民が手軽に習える場があったのです。そして謡曲を稽古することが家の格が上がると、先生に就かず亜流で伝承している家も少なくなかったようです。また地域や職場・仲間でもサークルを作って謡の会が盛んに行われていました。

丹波篠山との出会い

今から二年前、大学時代の能楽部の松井先輩から急に電話があった。私より十年程年上で、それもOB会で一回お会いしただけの関係でした。「手のひらの宇宙BOOKs」に篠山能をテーマにした執筆に協力して欲しいとのこと。突然のことで何のことか理解できないまま、唯々、先輩の熱意に押されて二つ返事をしてしまったのが、あうん社の平野氏との出会いとなり、手始めに「手のひらの宇宙」に二回執筆させていただきました。今回は三回目でやっと本題に入ることができましたが、学生時代に経験したものから人生を振り返りながら自分なりの雑感を披露したいと思います。

二年前の二月に電話をいただいてから、翌月平野氏と顔合わせ。四月の篠山春日能に誘われ、時々桜吹雪で舞台の演者が見えなくなるという、自然を最高に満喫した何と贅沢な光景だと感無量でした。今まで野外能といえば薪能しか観る事がなかっただけに昼間の能は斬新的でした。そして十月には、丹波市氷上町稲畑の奴々伎神社での式三番叟を観てこれもまた、驚きの境地でした。

能楽では「翁」という曲目は正月に奉納され、神事的要素の強いものです。こちらの場合は歌舞伎的でしたが、演者が小中学生の子どもであることに驚きを隠せません。更に驚いたのは、練習は一か月の短期間。演じるのは一度切り。毎年演者が変わる。開演前に実行委員長のご挨拶で「よく、（幼い子供が）切れずに最後まで稽古をやり遂げてくれました」という言葉に胸を打たれながらも、実際の舞台を観て更に感動。足を上げたり下げたり、一歩誤れば捻挫してしまうかなというような運足で、全身全霊で神に捧げる舞が小一時間続き、舞が終わって面を外した少年の顔には噴き出るような汗と「もう、これで限度」と言わんばかりの耐え抜いた子どもさんの純粋な表情に半端でない迫力感と「神童」という言葉の通り「子供は神に通じている素直さ」を実感したのです。「短期間で一体どのような稽古をされてきたのだろう？」指導する方、親御さん、様々な葛藤と闘いながら、子どもさんを信じてひたすら稽古に打ち込んでこられたことでしょう。

そして伝統行事という歴史と地域社会を大切に守ってきたご先祖から子や孫へ受け渡す使命感。神への祈りは命を捧げることであることをも痛感いたしました。

能楽の稽古の厳しさと楽しさ

能楽では「謡、三年、仕舞一年」と言われるように芸の習得には時間がかかるというものである。それも三年、一年で、謡、仕舞がどのようなものであるかが理解出来るようになるだけで、技術的にはスタートラインに就いたようなものであります。

私は学生時代の四年間は能楽部というクラブで充実した日々を暮らしました。能楽師の先生から直々にそれも懇切丁寧に指導していただけるのです。ＯＢの先輩から「学生の内にしっかり学ぶように。社会人になってからは学生のように懇切丁寧には教えてもらえない。一般では十年かかるのを四年間で教えてもらえるのだから」と言われたものです。事実、将来有望な学生を指導出来ることは、能楽師の先生方にとっても誇りだと聞いたことがあります。上手下手は別問題として私の謡曲のキャリアは十年といえるのでしょうね。現に卒業後は練習する機会はなかったものの、若い頃に鍛えていただけたことが何よりの財産です。

クラブでは、平素は先輩から教えていただきますが、月一度は師匠から直接稽古をつけていただきました。当時師匠は三十代前半で、懇切丁寧に厳しく指導して下さいました。その厳しさは学生だけでなく、老若男女問わず遠慮がありません。あるご年配のご婦人は泣く泣く稽古され「先生、私は年寄りですし、そんなに上手くならなくてもいいですから、優しく教えて下さいよ」と涙ながらに訴えられましたが、師匠は厳として「稽古は稽古ですから……」素人であろうと一切妥協しない。これは素晴らしいですね。

順序は逆になりますが、私が入部した時の師匠は七十二歳のご年配でした。若い頃は相当厳しかったそうですが、「芸は教えて貰うものではない。自分で盗め」という主義で、厳しく注意されることはありませんでした。稽古は二時間、主に仕舞の稽古でした。一度舞ってから、直していただき、もう一度やって終わりというパターンが通常ですが、この師匠は殆ど注意されることなく「よくできま

青垣翁三番叟の練習風景（2017年秋）
撮影：松井哲造

した」それで終わりますので、十人ほどの稽古でも一時間程であっという間に終わります。

ところが例外がありました。それは私です。私の入部動機は積極的な自分に変わることでしたので、稽古も真剣でした。ところが、物覚えが悪く、他人の三倍も時間を要するという有様です。それでも良き先輩に恵まれ根気よく教えていただきました。ですから初めて師匠練習に参加した時は緊張の連続です。新入部員は四人で、他の三人は「はい、よく出来ました」と特に注意もされることなく終わります。さて自分の番になり、ガチガチに緊張して一通り終わると、師匠は私の前に来られ、優しい表情で「差し込み開き（仕舞の型）は大木を抱えるように（手の形）」

「〝山河草木国土豊かに〟のところで手をかざすときは、ただ、しゃあーっと手を出すのではなく、目の前に山があり川が流れていて美しい草や木が生えている状態を思い浮かべながら手を出すのですよ」

「足が大きい。（足の動きが大股になっている）」というような表現で指導して下さるのです。大自然の中で繰り広げられる舞をそのような言葉で指導していただいたことは、何十年経った今も脳裏から離れる事はありません。

稽古が一時間で終わると残りの一時間は能楽について面白可笑しくお話をして下さるのです。謡の練習を始めて「あんな声、どうしたら出るのだろう」と悩みながら、ただ大きな声を張り上げて謡っていました。その解答が最初に聞いた師匠のお話にありました。

「謡の声は唸っているとか、これが謡の声だなんていう人がいるが、これが謡の声だと、言うものなんかない。自分の声で謡うのが本当の謡だ。昔、女学生を教えていた時、その女学生の父親も大の謡好き。娘が謡を習ってきたと聞いてその親父、嬉しそうに自分の前で娘に謡わせる。娘は娘らしく甲高い声で謡っているのを聞いた親父は『そんなの謡と言わない』と『これが謡だ』と鼻高々に渋い声で謡ってみせる。それはその親父が間違っている。年頃の娘さんが可愛らしい声で謡っているから誰が聞いても『可愛いなあ』と気持ちいいでしょ。そんな娘さんが親父の声で謡われたら気持ち悪くて聞いておられんわい」その言葉でハッとしました。

「そうだ、自分も自分の声で謡えばいいのだ。不自然な作り声は謡ではない」と。それからは、他

青垣翁三番叟（八幡神社祭礼　2017年秋）
撮影：松井哲造

人を気にすることなく、ひたすらに稽古に打ち込むようになりました。

日常生活での能楽

さて、今回は稽古にスポットを当てて能楽を検証してみました。その理由としては「能楽は観るものでなくやってみるもの」とも言われます。私の後輩が能楽師（シテ方、太鼓、小鼓）で活躍しておりますのでご希望ならば紹介させていただきます。

「やってみるもの」ということで特に申し上げたいのは、生活習慣の改善にも利用出来るのではないかと思うことです。今から四〇年程前に朝日新聞に「仕舞をすればうつ病が治る」という記事が掲載されていました。当時、うつ病といえば現在のように身近ではなかっただけに「そうなんだ」程度の受け止め方でした。何故そうなのかと言う理由は、すり足（足を運ぶ時も舞台にしっかりつけて擦るようにして運ぶ）、もう一つはお腹から声を出す。この二つの要素が天から地からパワーを貰うことで気を発散させるようです。足裏のツボでも精神疾患には足全体をマッサージすることと書いてありました。

能楽も演劇の一つですが、言葉の感情はどう表現されるのかということで、十年程前にテレビで検証番組がありました。能楽師が悲しい場面の謡曲を謡う。女優さんが涙を流しながら演技をする。その二人にサーモグラフィーを取り付けて脳の温度を測定する実験でした。赤い部分は温度が高く、青い部分は温度が低い。青くなれば悲しみの状態であるということになる。女優さんが涙を流してセリフを言っても温度は変わらず。しかし、能楽師が悲しい曲を謡っていると青く変化するのです。

女優さんのコメントは「悲しい場面だからといって自分自身悲しい感情は全くない。言葉のセリフから自然と涙が出てくるだけです」

能楽師も「自分自身、感情は一切ない。淡々と謡っているだけ。言葉が感情を表わしてくれているのでしょうね」と双方とも、演者は淡々と演技をする中で、演劇は感情を視覚を通じて訴えるのに対して、能楽は心に響いてくるものではないかと思います。それが幽玄の世界といった深みがあるのでしょう。

稲畑式三番叟（奴々伎神社　2017年秋）
撮影：松井哲造

まとめ

謡曲はかつて、地域や仲間同士でサークルを作って定期的に集まり、お互いの謡を披露しながら親交を深めていました。小謡といって謡曲の一部分を謡うのですが、祝い事（新築・結婚・長寿等）追善（葬儀・法要）と色々なジャンルがあって、冠婚葬祭に相応しい小謡を披露して華を添えたものです。よく知られているのは結婚式の「高砂や」でしょう。

冠婚葬祭も現在では商業化され、セレモニー施設で派手な演出で売り出した時代もありましたが、家族葬も増える現在、僅かな人数でも小謡が入るだけでもきっと心の籠ったものになるのは間違いないと思います。一度、能楽堂を覗いて見て下さい。最近はインターネットで多くの情報が、直ぐに入手できますので、色々な公演情報が得られることと思います。

能楽は特殊な芸能でないことがご理解いただけたでしょうか。能楽の地盤である謡曲の一部分だけでも今一度、かつてのように家庭や近隣、地域まで広がるように日常生活の中に反映できれば、きっと心豊かな世の中が復活出来る事と信じております。

それが、例え都会のマンションの一室であっても、様々な世界が広がっていくことでしょう……。それがやがて丹波市に残る伝統芸能「三番叟」のように継承されていったら素晴らしいことだと思います。

石仏・石像を彫る私

石彫家・大仏師
長岡和慶

ながおか　わけい
石彫家・大仏師
昭和30年、北海道滝川市生まれ。
22歳の時、実兄で石彫家の溉山（きざん）師に勧められて仏師と石彫家に。27歳で独立し、愛知県岡崎市にアトリエを構え、以来850余体の石仏・石像を世に送る。
作品は東大寺、比叡山延暦寺、三井寺、永平寺、永観堂、皇室の菩提寺で泉涌寺、ハワイ浄土宗別院などに建立。大英博物館、ライプチヒ民族博物館にも収蔵されている。平成12年、天台寺門宗総本山三井寺より戦後初、石仏では日本国内外初の「大仏師」の称号を兄弟で受ける。平成22年にも三千院より「大仏師」の称号を兄弟で受ける。
主な著書に『長岡兄弟仏像彫刻写真集』『石仏を彫る』『長岡和慶の世界』など。日本石仏協会理事

扉写真：十一面観世音菩薩立像（404.5×139.3×78.7）
愛知県西尾市　浄土宗　浄名寺

本物作りを追いかけ、思う儘《まま》に

私は、北海道滝川市出身で四歳上の実兄・長岡淇山《きざん》に誘われて、石の世界に足を踏み入れた。地元の高校卒業後は、札幌市の百貨店や花屋に勤務する。

冷たく、墓のイメージが強かった石については、全く興味がなかった。

小学生の頃から絵は得意。中学校を卒業するまで学校で描いた絵は、ほとんど返されず、学校に収集された。その後、もし絵が今でも保管されていたならばと思い、兄淇山を通じ当時の市の教育長さんに聞いたところ、古くなった学校が新築される際、これまでの古い物は処分され、絵も含め、残っていないとの返事。せめて一枚でも残っていてほしかったが時代のなせる技だった。

二十歳前後に、詩を書くことが好きになり約百編の詩を書いた。東京の二社の出版社から『青春の坂道』と題し、詩集を自費出版した。その後も、旺盛な詩作りで約五百編ほど書いたが、石仏・石像作りの方が忙しくなり、現在は途絶えている。

北海道にいた頃、百貨店勤務の際、周囲が売上を伸ばすことばかりに注力して、良い物を作ろうという精神がないことに違和感があった。そこで昭和五十三（一九七八）年一月二十一日、全国三大産地の石の都・岡崎市に移り住み、仏像彫刻を兄と共に学ぶこととなった。

「本物の石仏・石像作り」を志し、独立したのは昭和五十八年（一九八三）、六月一日である。生産性や効率を追いかけず、「いかに儲けるか」も捨てた。以来、今年六月で三十六年目に入るが、相変わらず像作りは「唯一無二」を実行し、仕事の成果や労力・時間は気にせず、本物作りを追いかけ、思う儘《まま》に石彫人生を歩んでいる。

日本人でないと作れない、日本の仏像を

さて、「仏像彫刻」は、インドから西域、中国、朝鮮を経て日本に伝わってきた。ここで私が気づいたことは、インドにはインドの仏像、中国には中国の仏像、朝鮮には朝鮮の仏像があるように、それぞれの国の雰囲気や特色を持った仏像がある。

私は、日本人でないと作れない、日本の仏像を自らの手で作りたい。但し、平安時代後期に定朝という仏師が、すでに、日本独自の技法「寄木造《よせぎつくり》」によって、京都府の平等院に阿弥陀如来坐像（国宝）を制作し、『和様《わよう》』が完成したとされる。随分昔の話ではあるが、定朝以前は外国の影響を色濃く背負った渡来仏の模倣が主流だった。が、定朝の出現により「和様」が産まれ、日本の仏像は大きく変わった。鎌倉時代に慶派が出て、活躍するが、それ以後、パッタリと途絶えた。

「和様」が生まれたにもかかわらず今日でも永遠と模倣主流を続けている。

石仏も木彫仏の歩んだ道に沿っている。

私は、詩作をしたときに学んだが、人の詩を真似ると盗作になり、著作権

慈愛観世音菩薩座像（伴侶動物供養塔）
平成25年４月21日、東京都中野区・曹洞宗
宗清寺墓地内に建立。（111.5×59.1×58㎝）

（複製権）侵害や著作者人格権（同一性保持権）侵害となる。平成24年3月9日付、名古屋地方裁判所に、同侵害共に京都市と高松市の大手石材業者を相手に訴状を起こし、平成25年4月13日に裁判所から認められ勝訴する。

仏像は確かに模倣の繰り返しで、何百年も続いている。そこでは、新しい発想の芽を摘む。創作は以っての外。同じ物を繰り返すことで「形」を守り、腕や手は熟練するが半面、技量の低下を招き、生命を失う。

私と兄は違った。前例のある仏像作りではなく、まだ見ぬ、これまで誰も到達できなかった領域に挑戦する。製品から作品の道を歩む。

★御仏を作る心がまえ

一、無理なく「おだやかな」気持ちで作ること。

一、力をぬいた「おおらかさ」を心の中で持ち続けること。

一、「目はきつさ」、「鼻は気品」、「口許は微笑」を表し、三点がほどよく合わさると、作られた御仏から受ける顔の表情が良く、慈悲の層へと一歩近づく。

一、良い顔とは、墨を半紙に落としたときのように、外へ無限大の広さをもって広がろうとする。

童子地蔵菩薩跪座像（左）、伎芸天胸像
平成11年にイギリスの大英博物館に永久収蔵される。

一、石仏制作を通して多くの人々の心が安らぐよう「祈る気持ち」で刻み続けることが日頃大切。
一、一振り一振りごとに、慈悲の心を彫ること。

★如来の慈悲（白大理石）

アトリエ内に、少し大き目の白大理石があった。いつか大事な石仏を作るために大切に置いてあった。

いよいよ作る時期が来たと心で感じたため、平成二十六年九月十九日から制作に入った。石に下絵の墨付けなどせず直接彫り込む「直彫《じかぼ》り」であるが、当初から如来と子供の姿を感じるため、作ることにした。

如来とは、通常、華美な衣装や装飾品を身に付けない姿で、修行を完成させ、真理に到達した阿弥陀如来や釈迦如来や薬師如来をいう。例外として大日如来がある。

大日如来は他の如来と異なり豪華絢爛たる宝飾品を身に着け、髻《もとどり》を表す像もあるが、今回の如来は、仏の知恵を表す頭頂部のこぶのような二段の盛り上がりがある肉《にっ》

創作・如来像の慈愛（47×32.1×32.7㎝）

髻《けい》（一段目）と螺髪《らほつ》（二段目）で表す像とし、時に、阿弥陀さんになり、時には、釈迦如来になる共有的な創作の如来像とした。

　像容は、両足をそろえて椅子に腰掛けた姿の倚像《いぞう》で、中国や西域では見られる像だが日本ではめずらしいので倚像を使い、子供の像とより親近感を持たせる形とした。

　なお如来の倚像で有名な東京都・深大寺の釈迦如来倚像は細身だったが、私のは、愛らしく、ふっくらとした慈愛の如来をイメージして作っていく。

創作・仏手とハタ持ち地蔵菩薩倚像
三ケ根観音太山寺本堂前に建立（愛知県の霊峰三ケ根山頂）（112.1×50×48.5㎝）

　主尊の如来右側に①微笑んだ男の子を彫り出し、左側に②両手で仏の教えを伝える梵篋《ぼんきょう》（宝経）を持つ子を出す。

　全体の背面に舟の形をした光背を作り、裏の上に③右に両手で珠《たま》を持った中腰姿の子を出し、両手で白珠を持った姿を彫る。

　最後に全体を支え乗せるための薄い白雲に乗った上蓮華を作り、平成二十六年十月一日に完成する。

如来が、今日の家族や人間社会の希薄を体感し、ニュースで親が子を、子が親を殺す事件を見た時、家族愛や人間愛、動植物愛や自然愛が、この地球で育っていないことに愕然とするかもしれない。老若男女に姿・形を通して知ってもらいたい。そのため、白の大理石の中からお迎えした。

今回、仏教史の中で初めて同像が創作され、謹彫を終えた。　合掌

■尊像を謹製
日本の伝統芸術の粋を伝える長岡兄弟
我が国の石、日本人の心技
一刻礼拝の念を以って
大慈大悲の尊像を謹製
《不二《ふじ》石仏開眼》

■師が仏
お釈迦さまが説いた仏国土を石に託したい。
仏身即我身。我身即仏身。反復心を以って広大無辺の仏様迎える我身。
仏師こと師が仏です。

職人と芸術家の違い
職人は自分の手と体を使いながら技を磨き経験を積んで製品を作る。

芸術家は、前例のない物、誰も作ったことのない物を創作し、作品を作る。

「製品作り」は量を作り、安価。「作品作り」は数が少なく、高価。制作者として、どちらに向いているかは当人次第。作られた物が、どちらを選ぶかは、お客さん次第。

どちらも共通していることは、「思い入れ」が強いこと。職人が作る高度な製品も、作家が作る高い評価がある芸術作品も、時代を経ても大切に残される。

職人の中の芸術性や、芸術家の中の職人性は、相容れない（互いに許容しない）が、共に一流になった物のみが世に残る。

来迎勢至菩薩立像(上半身)
北九州市・吉祥寺（浄土宗第二祖・鎮西国師生誕霊場）に建立。（139×65×45.5㎝）

私の師は

私の師は、最初は兄、凞山《きざん》。次が仏です。どんな時でも仏様は待っていてくださいます。ですから、自分が作った仏像ではなく二千五百年もの間、続いている祈りの中から出てくる慈悲のお姿です。

五百年後、千年後も自然と手を合わせていただけるように、自分が死ねばもう二度と作ることができない仕事を心がけています。ですからいつも、今作っている石仏・石像が最後だ、というようなつもりで全力を注いでいます。

永遠の命

石は固いが、次第に柔らかく、温かみのあるものへと姿を変えて行く。そんな時、仏像は姿を現わす。

何千年何万年もの間、眠りから目覚めて行くように、私の手から離れ、人々の心の中へと溶け込んで行く。

自分の手の中から延命を授かった石仏・石像が人のために受け継がれて行く。ここに、私の喜びと、仏師として、また石彫家としての宿命を感ずる。

自分の身は、歴史の中では小さな存在だが、石仏として姿を変えたものは、「永遠の命」を得て、受け継がれて行くものと信ずる。

夫婦フクロウ
大津市・総本山三井寺事務所に安置。平成26年４月25日
（20.3×28.7×18.2㎝）

丹波風土への思い

柳川拓三

やながわ　たくみ
1954年　丹波市生まれ
1993年　株式会社やながわ代表取締役に就任
2005年　春日ふるさと振興株式会社代表取締役に就任
2005年10月　夢の里やながわ開店
2008年 4 月　道の駅丹波おばあちゃんの里開業
2013年 3 月　夢の里やながわ新装オープン
丹波市観光協会会長

「ふるさと」その言葉の響きに、人は懐かしさと温もりを感じる。それは幼少期を回顧した時の祖父母、両親、兄弟、先生、竹馬の友を思う感情に何故かよく似ている。人は生まれ育った環境に支配され成長していく。とりわけ四季の移り変わりを肌で感じながら自然に抱かれて暮らす田舎育ちの人間にとって、ふるさとの自然に対する郷愁は感慨深いものがある。宇宙という途方もない空間に広がる銀河系の太陽系に属する「地球」と名付けられた星。その中に「日本」という島国がある。南北に長く、山林が七五％を占めるその国土の中で、人々は幾歳月にわたる経験から、英知によりその土地に適合した営みを繰り広げてきた。先祖代々受け継がれている「風習」には、その営みに対する祈りが込められている。「風習」「風格」「家風」「社風」「風物詩」「風合い」と言った言葉の『風』とは永年の間に培われたものであり、良く似合っていることを意味する。では『風土』とは…。「永年の歳月に培われ、そこに染み付いたもの」と言う意味であろう。地球と言う星の中に「日本」と言う感性豊かな伝統文化の麗しき国の風土がある。日本と言う国の中に「丹波」と言う美味し産物を育む誇り高き地域の風土がある。そして丹波と言う地域の中に「夢の里やながわ」と言う丹波に生まれ丹波と共に生きる店の風土がある。

「風」が季節（とき）を運び　「土」が生命（いのち）を育む　営みは、その自然の中で繰り広げられ　夢はその『風土』の中で、歳月（とき）を越え駆け巡る　『丹波風土』

この文章は弊社が平成二五年三月に「夢の里やながわ本店」を開業した時に『丹波風土』というロゴを作りその思いを記したものである。智能が生み出す新文明の開化と時空を超えたグローバル化の進展により、永年に亘って培われてきた有形無形の様々な風土は風化し過去のものとして姿を消していくことが懸念される。食文化に込められた願いの文化、おもてなしの文化等を書き綴ってみた。

「身土不二」の教え

大昔、道も無く、車も無く、情報も無かった時代を考えてみますと、生きる為に、その土地に生息する動植物を食していたと思われます。そしてやがて土を耕し作物を育て、狩猟で得た魚や野生動物を食する自給自足の生活が始まります。質素な食物を生きる為の糧とし、子供を育て、亡くなれば、土葬として埋葬されて生涯を閉じたものと思われます。

人は生まれ育ったその地に育まれた生命（動植物）を食する事により生かされ、子孫を繋ぎ亡くなれば土に還ったのです。『身土不二』とは自分の身体とその生まれ育った土地は一体のものだと言う教えです。

又「三里四方」と言う言葉があります。生まれた場所の「三里」つまり十二㎞四方の産物を食するのが自分の身体には最も適していると言う考え方で、日本がその土地に定住して暮らす農耕民族であったからこそ生まれた考え方で、日本が自然との共生を図ってきた証です。日本国内でも旅に出て水が合わずにお腹を壊したとか、ジンマシンが出たと言う話を聞きますが、生まれて幼少期を過ごした自然環境が最も良いのかもしれません。

『地産地消』の教えも基本はその土地で生産されたものをその土地で消費するのが、身体には最も良いということです。

『薬食同源』と言う言葉もあります。「薬で治療するのも、良い食品を食べるのも源は同じである」と言う考え方で、「生命力＝薬効」と言えます。つまり生命力の宿るできるだけ新鮮な食物を摂るのが理想の食生活だといえます。

又、日本は四季のある国として旬の産物が豊富にあります。自然の摂理の中で、自然の営みにより産した旬の動植物は、最も味・栄養価とも優れています。人工的に年中生産される時代背景にあり、旬が見失われていますが、季節を味わう贅沢は、心身ともに良薬といえます。

「端午の節句」「桃の節句」に込める願い

柏餅に使う柏の葉には意味があります。柏の木は落葉樹ですが、冬でも落葉せずに葉を付けています。普通の落葉樹は落葉して、後に新芽が吹いてきますが、柏の葉は新芽が芽吹くのを見届けて落葉するのです。つまり、子孫が途絶えないようにと、子供の成長を見守る親の願いを込め柏の葉を使っているのです。

又桃の節句の菱餅にも意味があり順番があります。三色ある中で、一番下は緑で春先の新緑を、二段目は白で残雪を、そして一番上はピンクで桃の花を現しています。それと共に緑色は食物を表し健

れんげ祭り会場

康に対する願いが込められ、二段目の白は清浄を、一番上のピンク色は魔除けを意味しています。女の子のすくすくとした成長を菱餅に込めているのです。

秋祭りに込める思い

秋祭りの多くは五穀豊穣に感謝する収穫祭で、神輿に神様をのせ、練り歩きます。

現在は作物の品種改良が進み、栽培技術も研究され、機械化による省力化も図られてきました。又、気象衛星からの情報をコンピューターが分析し数日先の天気予報が正確に得られる世の中になりました。現在はこのような恵まれた状況にありますが、大昔は、人力で一生懸命作った産物が収穫直前に、予期せぬ台風で壊滅状態になったこともあるでしょう。人々は荒れ狂う状況を神の怒りとして、神社を建立し、神様に祈りを捧げ、崇め奉ったものと思われます。全国各地で又百貨店やスーパーでも収穫祭として催しが繰り広げられますが、大切な事が忘れられているように思います。それは『感謝』の気持ちです。現在のように食することに苦労しなくなった飽食の時代背景の中で、希薄になった生きていくための食に対する『感謝』の気持ち呼び起こす収穫感謝祭であって欲しいものです。

赤米稲木に夕焼け

「いただきます」の意味

私たちの生命は、数知れないご先祖様のご縁により、天から賦与されたものであり、生きて行く上でも、多くのご縁に支えられ育まれ、生かされています。又、人は生きていく中で、多くの命を頂いて生かされています。水は別にして、食しているものは全て、元々命があったものです。私たちはその生命を食べて育まれ生きているのです。つまり多くの動植物の生命を頂く事への感謝を込めて「いただきます」と手を合わせるのです。ご仏壇やお墓で、ご先祖様に手を合わせるのも、私と言う生命を授けて頂いた事への感謝の気持ちなのです。又、神社で手を合わせるのも、神様に見守られ生かされている事への感謝の気持ちなのです。人類の物質文明の進展により、「人間が欲する目に見えるものは手に入れてきた反面、目に見えない大切なものを失った」と言われます。手を合わせる日本の文化を取り戻したいものです。

山紫水明の国「日本」

日本には中国から仏教の伝来とともに伝わったものが沢山ありますが、緑茶もその一つです。緑茶は平安初期に最澄・空海が種子を持ち帰ったとされています。そして鎌倉時代に栄西禅師によって書かれた「喫茶養生記」には「茶は養生の仙薬なり。延命の妙術なり」と記され、「朝茶は七里帰ってでも飲め」との諺があるように、それくらい一日の始まりにお茶を飲むことは良いとされています。

そのお茶は製法により紅茶（発酵茶）・ウーロン茶（半発酵茶）・緑茶（不発酵茶）に分類されます。これには国々の気候風土が大きく関与しています。大陸では水が硬水のため緑茶は不向きで、紅茶やウーロン茶のような発酵させたお茶として製造されます。硬水では自然の味わいを求める緑茶は不向きなのです。一方、緑茶は発酵させた紅茶やウーロン茶に比べて、蒸す事により発酵を止め、自然に最も近い状態を残して製造したもので、非常に味わいも繊細なものです。これは日本の気候風土と日本文化、感性豊かで繊細な国民気質が、独自の「日本茶」と言わしめる緑茶の世界を生み出したものです。薬として渡ってきた緑茶の原形は、蒸して揉むという製造技術を確立し、生活の中にとけ込み、食事のお茶、おもてなしのお茶、嗜好品としてのお茶に発展していきます。更には遮光した茶葉を石臼で挽いた抹茶を生み出し、茶道と言う作法を通じて人の道を説いた茶人としての独特の文化を築いていきます。それと共に、緑茶や抹茶を楽しむために急須や陶器、抹茶茶碗、又鉄ビンや茶せん、炭といった付随した伝統工芸品も生まれました。

二〇一三年に「和食」がユネスコの無形文化遺産に登録されました。これは日本人の自然を尊ぶと言う伝統的食文化が評価されたものですが、ここにも日本人の感性と素晴らしい水が大きく関与しています。「季節を表現し、出汁をとり素材の持ち味を引き出す」といった料理の手法だけではなく、和食の料理人を支える人々や素材、器（生産者・漁師・ダシ昆布・鰹節・

新芽茶園

干し椎茸・醤油・みりん・陶器・漆器等）も大きな認定要因になったようです。「洋食」は点であり、「和食」は点を繋いだ線であり、自然との共生の文化であると評価されたこともうなずけます。日本茶や和食だけではなく日本には様々な伝統古来の素晴らしい食文化がありますが、それらは全て山紫水明の国の貴重な遺産、日本人の気質として、今後どの様な文明社会が訪れようと、シッカリ受け継いでいきたいものです。

日本人の遺伝子

東日本大震災の後、被災した人々が配給の水に並ぶ行動に世界各国から称賛の声が寄せられました。日本人にとって、あたり前の行動が他国では信じ難い光景だったのです。その国民性、美徳は日本人の気質として今なお脈々と受け継がれているようです。

一五四九年に日本に訪れたフランシスコ・ザビエルが「日本人より優る国民は見当たらない」と評し、第二次世界大戦で日本の敗戦が色濃くなった時、かつて駐日大使を務めた対戦相手のフランス人が「世界でどうしても生き残ってほしい民族をあげるとしたら、それは日本人だ」と言ったそうです。

日本国家の未来を見つめる時、日本人の遺伝子の中に組み込まれた目に見えない美徳が、言葉とな

新芽茶園

り行動となり、日本人らしい様々な心豊かな文化を生み出していくことを願っています。

縁尋機妙《えんじんきみょう》

実践の哲学者森信三先生の言葉に「人は一生のうち逢うべき人には必ず逢える　しかも一瞬早過ぎず一瞬遅すぎない時に」とあります。そして陽明学者の安岡正篤師が遺された言葉に「縁尋機妙」があります。これは「良い縁が更に良い縁を尋ねて発展していく様は誠に妙なるものがある」ということです。

私は春日局没後375年の時を経て、正にこの言葉を噛みしめる体験をすることになりました。

私の生まれた丹波市春日町は明智光秀の重臣斎藤利三の娘（幼少名：お福）で、後に徳川三代将軍家光の乳母となり、大奥の制度を築いた春日局の生誕の地です。そして弊社は丹波の特産品の加工業とその加工品を使った和洋菓子の製造販売を丹波市にある店舗「夢の里やながわ」で営んでいますが、何時の日か東京市場に丹波のコンセプトショップを構えたいと思っていました。そして出店場所を検討するにあたっては、「何故ここに出店したのか」という明確な選定理由を第一義にしたいと考えていました。

そのような折に「東京に春日通りがある」との情報を得て、2017年5月初めに東京都文京区に出向き観光案内所で、春日局のお墓がある春日通りに面した麟祥院を教えていただき、早速に足を運びました。ひっそりとした境内の奥まった場所にひと際存在感を有したそのお墓はありました。参拝しての帰り道、山門の所で頭に手ぬぐいをした職人風の方が作業をしておられ「こちらのパンフレットはありませんか」と尋ねたところ、中に入って取ってきてくださいました。「春日局の生誕の地丹波市春日町から来ました」と言うと至極驚かれたのですが、その方が麟祥院の住職矢野宗欽様だったのです。もしもその時にお出会いしていなければ、その後の状況は変わっていたかもしれません。中に通していただきお話しを伺い驚くべき因縁を知ることになります。

矢野住職は前年の10月14日（春日局の旧命日）に途絶えていた春日忌を約１００年振りに復活されたそうです。そして「春日局が生まれた所がどのような場所なのか行ってみよう」ということで、奥様と11月に丹波市春日町にお越しになっています。春日局が生まれた興禅寺に行かれ帰りに道の駅「丹波おばあちゃんの里」で丹波黒大豆のお菓子「お福豆」を購入して帰られたそうです。実はその「お福豆」は１９８９年ＮＨＫの大河ドラマ「春日局」が放映された時、3歳までこの地で過ごしたとされる春日局の幼少名をとって弊社が商品化、製造したものなのです。

矢野ご夫妻が来丹されたその半年後、私はまるで使者としてそのご縁の糸に手繰り寄せられるように麟祥院様にお伺いしていたことになります。その後懇意にしていただき、その年に開催された第2回目の春日忌法要から参加し、参列された方々に丹波黒大豆の枝豆等を持参、販売させていただいています。

春日の局の生誕地とされる丹波市春日町の興禅寺

「丹波風土　東京春日店」を開店

２０１８年9月21日春日局が祀ってある「出世稲荷神社」の近く、春日通りに面した場所に、念願の「丹波風土　東京春日店」を開店しました。弊社の店舗ではありますが丹波のコンセプトショップとして、又春日局生誕の地と眠る地を結ぶ役割を担っていきたいと考えています。

麟祥院様との出会いから波紋が広がるようにご縁は広がり、湯島天満宮の押見宮司様、周辺地域の名士の方々、更には文京区の区長様にもお出会いすることができました。又麟祥院様と興禅寺様の交流も始まり、麟祥院様に関わりのある方々が丹波市春日町にご訪問いただき、矢野住職様には黒井城祭りの武者行列にも参加していただきました。

２０１６年10月14日約１００年振りに再開された春日忌法要。春日局様のお導きにより広まっていく良縁の輪。森信三先生の言葉と共に「縁尋機妙」の妙味を実感せずにはいられません。今後どのような時代が訪れようと、科学の力では解明できない何かによって掌られているものがある。私はこの度の経験から日本という風土の中に宿っている神秘的な力を感じるのです。

東京文京区・麟祥寺の春日の局の墓

新ニッポン風土記 Vol.1 執筆者一覧(掲載順)

P	執筆者	住所	会社・団体/TEL/メールアドレスなど
7～16	足立義昭	〒669-3633 兵庫県丹波市氷上町御油283	TEL080-6151-0423 ya-gyg0423@nike.eonet.ne.jp
17～36	池田吉孝	〒541-0043 大阪市高麗橋2丁目5-10	㈱池田商店 TEL06-6231-1657 ikedashouten.1888@cyber.ocn.ne.jp
37～49	石原由美子	〒668-0256 兵庫県豊岡市出石町小人129-43	080-1496-4369/0796-42-6111 kokorofuto@estate.ocn.ne.jp
51～63	大麻豊	〒530-0041 大阪市北区 天神橋1-18-25第三マツイビル201	トラベル・ミトラ・ジャパン 06-6354-3011 daimao@aurora.ocn.ne.jp
65～75	大浦勝闃	〒629-2251 京都府宮津市字須津1635-8	TEL090-9714-4970
77～88	大上巧	〒669-2135 兵庫県今田町上立杭尾中1番地	大熊窯 TEL079-597-2345 https://ohkumagama.com/
89～104	大木辰史	〒669-3467 兵庫県丹波市氷上町本郷535-1	TEL0795-82-0584 popup5254@ybb.ne.jp
105～114	小野田隆	〒659-0012 兵庫県芦屋市朝日ヶ丘町8-7-606	TEL090-4525-2525 onodatak@sky.plala.or.jp
115～128	小野田政子	〒701-4212 岡山県瀬戸内市邑久町尻海2993番	TEL090-4525-2525
129～148	桐生敏明	〒635-0823 奈良県北葛城郡 広陵町三吉345-14	編集工房DEP TEL0745-54-1218 dep1948@zeus.eonet.ne.jp
149～160	小森星児	〒669-2321 兵庫県丹波篠山市黒岡224-1	TEL079-550-4221 seiji.komori@gmail.com
161～171	斉藤武次	〒331-0812 さいたま市北区宮原町1-856-3 ガーデンアクシス704	TEL048-661-5771 saito@monikodo.com
173～180	重藤悦男	〒639-0222 奈良県香芝市西真美1-23-10	TEL090-3975-2602 etsuetsu@m4.kcn.ne.jp
181～191	柴田久美子	〒701-1152 岡山県岡山市北区 津高238-1-A101	(一社)なごみの里 日本看取り士会 TEL086-728-5772 staff@mitorishi.jp
193～204	瀬戸琥太郎	兵庫県三田市乙原1097-30	TEL090-8169-1982 chikuma_p@ybb.ne.jp
205～216	相馬淳司	〒939-1552 富山県南砺市柴田屋553-6	dm@rookie.h.fiw-web.net Facebook
217～227	谷岡樹	〒540-0034 大阪市中央区島町1-2-3 三和ビル8F	(一社)関西ニュービジネス協議会 TEL06-6947-2851
229～238	辻屋忠司	〒535-0021 大阪市旭区清水3丁目5番10号	TEL090-5890-8830 tat329@beige.plala.or.jp
239～247	長岡和慶	〒444-0934 愛知県岡崎市 東牧内町字堤外60-1	TEL090-3932-9014 mitie33n11@yahoo.co.jp
249～259	柳川拓三	〒669-4124 兵庫県丹波市春日町野上野209-1	㈱やながわ TEL0795-74-0123 yanata@cube.ocn.ne.jp

手のひらの宇宙BooKs®シリーズ

＜既刊本のご紹介＞

2014年10月１日に第１号を発行して以来、2019年４月までに第21号まで発行しています。アマゾンや書店で注文できます（ただし在庫のない本もあります）。

詳しくはあうん社のホームページで。 ahumsya.com

[第21号]

食と農と里山 Vol. 4

手のひらの宇宙 No. 8
18の手のひらの宇宙・人 著　平野智照 編
2019年４月３日発行

[第20号]

起業の鉄則塾

監修：小林宏至　編集：記念誌発行委員会
2019年３月10日発行

[第19号]

一念一途に 三つ子の魂・花ひらく

吉 川 靜 雄 著
定価：本体 1,300円＋税
2018年12月７日　初版
2019年３月10日　２刷発行

[第18号]

手のひらの宇宙 No. 7

17の手のひらの宇宙・人 著　平野智照 編
2017年12月５日 発行

[第17号]

マザーテレサ 夢の祈り

―― 看取り士20人の想いと願い

柴田久美子 編著
定価：本体1,500円＋税／2017年９月10日 発行

シャープを創った男 早川徳次伝

―― 合本復刻『わらく』

平 野 隆 彰 著　単行本408ページ
[第16号] 並製本（普及版）／定価：本体2,000円＋税
2017年８月17日 発行
[第15号] 上製本（永久保存版）／定価：本体2,400円＋税
2017年８月15日 発行

[第14号]

手のひらの宇宙 No. 6

24の手のひらの宇宙・人 著
2017年４月25日 発行（在庫なし）

[第13号]

あの世へゆく準備 Vol.1

平野智照 編 24の手のひらの宇宙・人 著
定価：本体1,400円＋税／2017年３月５日 発行

[第12号] 祈る医師　祈らない医師

ホリスティック医療の明日へ

要　明雄 著

単行本272ページ／上製本　定価：本体 1,800円＋税

2017年２月15日 発行

[第11号] 企業支援にかけるシニアの情熱

認定NPO法人産業人ＯＢネット 編

2016年９月29日 発行

[第10号] 手のひらの宇宙 No.5

24人の手のひらの宇宙･人 著

2016年７月10日 発行（在庫なし）

[第９号] おぉ、丹波よ！TAMBA

丹波市商工会編 編　丹波新聞社企画制作

2016年３月21日 発行

[第８号] ミロクの世明け

青山典生 著

単行本256ページ／定価：本体 1,500円＋税

2016年３月５日 発行

[第７号] 手のひらの宇宙 No.4

自ろん公ろん無ろんVol.3　食と農と里山Vol.3

23人の手のひらの宇宙･人 著

2015年10月10日 発行

[第６号] 問わずにはいられない

―― 学校事故･事件の現場から

田原圭子 編　21人の被害者家族 著

2015年９月25日 発行（在庫なし）

[第５号] 食と農と里山 Vol.2

23人の手のひらの宇宙･人 著

2015年５月１日 発行

[第４号] いのちの妙用

最明寺 明星坐禅会30周年記念

大槻覚心 編著

2015年４月18日 発行

[第３号] 手のひらの宇宙 No.2

自ろん公ろん無ろんVol.2　縁とルーツVol.1

24の手のひらの宇宙･人 著

2015年４月10日 発行

[第２号] 丹波発食と農と里山 Vol.1

26の手のひらの宇宙･人 著

2014年11月11日 発行

[第１号] 手のひらの宇宙BOOKs 創刊号

手のひらの宇宙No.0　自ろん公ろん無ろんVol.1

24の手のひらの宇宙･人 著

2014年10月１日 発行

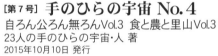

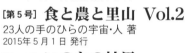

手のひらの宇宙ＢＯＯＫｓ®第22号

手のひらの宇宙的 新ニッポン風土記 Vol.1

発行日　令和元年６月17日　初版第１刷

著　　者　20の手のひらの宇宙・人

編集発行人　平野　智照

発 行 所　㈲あうん社

〒669-4124 丹波市春日町野上野21

TEL(0795)70－3232　FAX70－3200

URL http://ahumsha.com

Email:ahum@peace.ocn.ne.jp

製作 ● ㈱丹波新聞社

装丁 ● クリエイティブ・コンセプト

印刷・製本所 ● ㈱遊文舎

ISBN978-4-908115-20-2　C0095

＊定価はカバーに表示しています。